Manos Creativas

Decoración de Regalos

Parramón

Decoración de regalos

Dirección editorial: Mª Fernanda Canal
Textos y coordinación: Ana Manrique
Diseño y realización de ejercicios: Mercè Batallé
Diseño gráfico y maquetación: Jordi Martínez i Bonifacio
Archivo ilustración: Mª Carmen Ramos
Dirección de arte: Jordi Martínez i Bonifacio
Estilismo: Adriana Berón
Fotografía: Estudio Nos & Soto
Dirección de producción: Rafael Marfil

ISBN: 84-342-2144-6
Depósito Legal: B-37.519-2000

Segunda edición: agosto 2000

© 1998 Parramón Ediciones, S.A.
Gran Via de les Corts Catalanes, 322-324
08004 Barcelona - España

Sumario

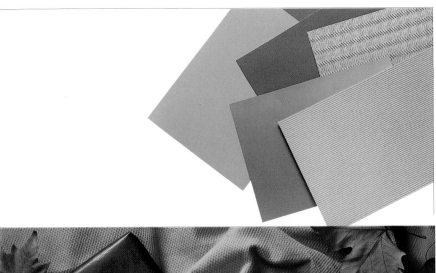

Introducción

Éste es un libro pensado para personalizar, embellecer y potenciar la creatividad en los envoltorios de regalo, de forma que resulten paquetes únicos para esas personas especiales a las que van dirigidos.

La filosofía del libro parte de la idea de que a cada regalo le corresponde un tipo de envoltorio, y que éste debe armonizar con la personalidad y el carácter de la persona a la que se le hace el obsequio.

En la mayoría de las ocasiones, el valor sentimental de los regalos que ofrecemos suele superar el valor económico del objeto regalado. Por esta razón, dedicar unas horas o tan sólo unos minutos a adornar ese paquete escogiendo el papel, o construyendo una pequeña caja y añadiendo algún adorno delicado, o haciendo un lazo diferente, además de resultar una actividad interesante y muy creativa, pondrá de manifiesto el cariño o el aprecio que esa persona nos merece.

En la primera sección de este libro se hace una exposición de los materiales básicos para la elaboración de envoltorios personalizados. Han sido ideados para agrupar los paquetes por su forma, estilo o contenido, de modo que el lector pueda encontrar en ellos fácilmente lo que busca.

El proceso de trabajo resulta sencillo y está explicado con la máxima claridad para conseguir resultados bellos y originales. Utilizando materiales accesibles, dedicando algo de tiempo, buen gusto y un poco de cariño a esta actividad, el aficionado a esta práctica disfrutará realizando manualidades que llevan consigo una importante carga de ilusión y generosidad.

Ana Manrique y Mercè Batallé

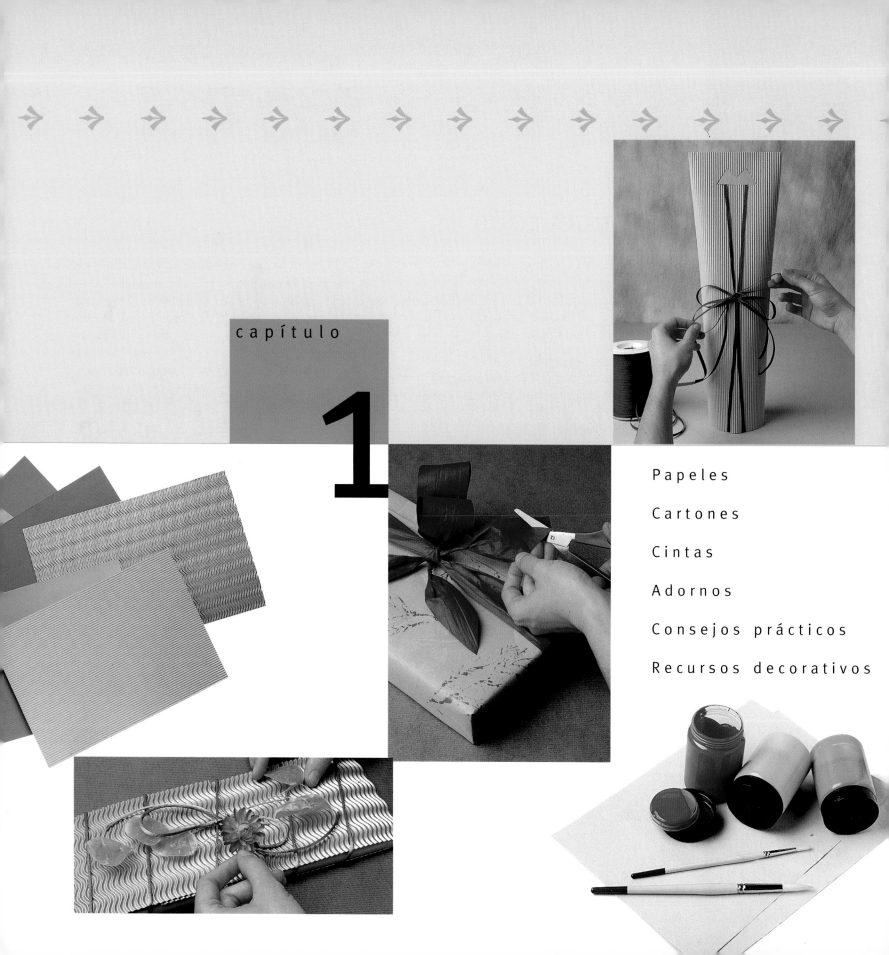

capítulo

1

Papeles

Cartones

Cintas

Adornos

Consejos prácticos

Recursos decorativos

Materiales y Técnicas básicas

Además de las cintas, el papel

y el cartón, existen otros

materiales que pueden servir para

envolver o decorar un regalo.

Conocer las técnicas básicas

y algunos trucos ayudará

a lograr mejores resultados.

Materiales

Los materiales indispensables para hacer un envoltorio de regalo abarcan desde el papel de regalo o un bonito cartón para hacer una caja, hasta la cinta con la que se realizará el lazo que lo adorne. La cinta adhesiva o algún tipo de cola pueden ser necesarios para fijar los pliegues; las tijeras y el *cutter* serán indispensables para cortar; elementos como flores secas o bolas de madera son algunos de los adornos que acompañarán al lazo.

Papeles de regalo

Los hay de infinidad de colores, calidades y estampados distintos. Pueden ser opacos y convertirse en el elemento más atractivo del envoltorio o funcionar como complemento de otros papeles transparentes, o translúcidos, creando así sugerentes armonías de color.

Cartones ondulados y cartulinas

Cuando no se trata de envolver un objeto sino de crear una bonita caja donde colocarlo y transportarlo con comodidad, hay que utilizar un material rígido como el cartón. En el mercado se pueden adquirir cartones de una amplia gama de colores y grosores; las cartulinas son más finas, pero sirven bien para darle cuerpo a un papel demasiado blando. Un pedazo de cartón puede hacer de soporte para envolver en papel objetos blandos, como una prenda de ropa.

Cinta adhesiva

La cinta adhesiva es imprescindible para sujetar los pliegues del papel que envuelve el regalo. La de doble cara tiene la ventaja de que se puede situar dentro del doblez para que no se vea; también se usa para unir los lados de una pequeña caja o fijar algún adorno.

Regla, escuadra, lápiz y rotulador

La regla y la escuadra se usan para tomar las medidas del papel o del cartón y hacer cortes perfectos en línea recta. El lápiz y el rotulador sirven para hacer las marcas de esas medidas sobre el material que se ha de cortar o para dibujar la silueta de una plantilla.

Tijeras, *cutter*, clips y plancha de corte

Antes de hacer un envoltorio o para construir una caja, hay que cortar los materiales a la medida adecuada. En función del tipo de papel y de su grosor, se utilizarán las tijeras o se hará uso del *cutter*. Para cortar con este último es importante contar con una plancha de corte que proteja la superficie de la mesa de posibles raspaduras. Los clips pueden servir para fijar un adorno a la cinta o para marcar y doblar un pliegue con facilidad.

Adhesivos en aerosol, pegamentos y colas

Para crear adornos o envoltorios que impliquen realizar manualidades donde se pegan distintos materiales, habrá que usar algún tipo de adhesivo. El adhesivo en aerosol es el más indicado para pegar papel cómodamente sin que queden texturas con grumos; la cola blanca se utiliza principalmente para unir papel y cartón, y el pegamento de contacto, usado para el cartón y materiales de diferentes naturalezas, es interesante por su aplicación rápida y su resistencia.

Tela, aguja y papeles blandos

Otra forma de presentar regalos consiste en confeccionar pequeñas bolsas que hagan las funciones de un original envoltorio. Para ello se usará un material blando como la tela o el papel artesanal con hilos de seda. La aguja de coser lana se utiliza para hacer orificios o coser la tela.

Pintura, pinceles y papel de borrador

Las pinturas y los pinceles son las herramientas que habrá que usar para cambiar el color de algún elemento o para estampar un papel de regalo. El papel de borrador será un complemento de esta tarea y sirve también para proteger la mesa tanto cuando se pinta, como cuando se aplica cola.

Cintas

Junto con los papeles y cartones, son las otras grandes protagonistas de un envoltorio de regalo. Las podemos encontrar en distintos anchos, infinidad de colores y diversos materiales, desde las clásicas de seda hasta las de papel fácilmente maleables.

Rosas, hojas y pequeñas ramas secas

Son adornos delicados que le dan a los paquetes un toque natural. Se adjuntan a la cinta o se colocan sobre el envoltorio como adorno principal. También funcionan como un tampón natural con el que estampar un papel con formas vegetales.

Complementos

Cualquier cosa que armonice con el envoltorio puede ser un complemento para adornarlo, desde unas verduras recortadas de una fotocopia en color hasta una pluma, pasando por las bolas de madera, lacre para sellar y cualquiera de las ideas que aparecen a lo largo de este libro.

Cordeles

Tienen la misma función que las cintas, complementar el envoltorio y servir de adorno. Se usan de todas las calidades, desde los de cáñamo natural de textura burda hasta los dorados y plateados. Algunos de papel tienen en su interior un cuerpo de alambre muy útil para dar formas fijas.

Envolver un paquete y hacer un lazo

Un papel bonito y un lazo armonioso pueden hacer que un paquete sencillo resulte atractivo. En este capítulo desarrollamos el proceso correcto para envolver una caja, realizando los pliegues y dobleces convencionales para que resulte una tarea sencilla. Como complemento, haremos un lazo de varias vueltas que dará volumen al paquete y romperá la monotonía geométrica de la caja.

1. Tomamos la medida del papel colocando la caja sobre él, para comprobar qué margen debemos dejar para hacer los pliegues. Este margen depende siempre del volumen de la caja y de su altura, por lo que no se pueden dar medidas exactas. Con el lápiz hacemos una pequeña marca para saber por dónde tendremos que cortar exactamente.

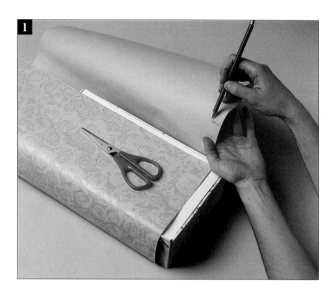

2. Hemos cortado el papel a la medida marcada, procurando hacer cortes limpios y en línea recta. Éstos se pueden efectuar con las tijeras, o recurrir al *cutter* y la regla si no se tiene buen pulso. Empezamos haciendo el pliegue central tal como se ve en la imagen, y le añadimos un pedazo de cinta adhesiva de doble cara para pegar las dos partes del papel.

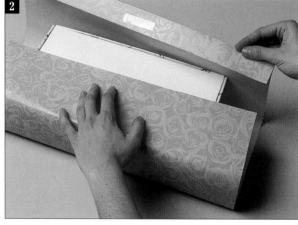

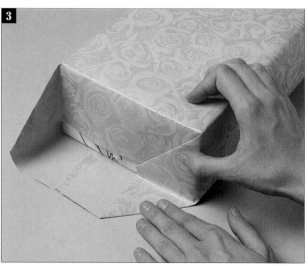

3. Al cerrar los lados, plegamos el papel con cuidado para no producir arrugas. Observe detenidamente la imagen y comprobará que se ha plegado una solapa y ahora se está haciendo un doblez antes de superponer la otra.

4. Para acabar de cerrar, se hace un pequeño pliegue en la solapa y se añade cinta adhesiva de doble cara a fin de que no se aprecie el sistema de fijado.

5. Empezamos a hacer el lazo dando una vuelta a la cinta y atándola con un sencillo cordel que no se verá. Si se trata de una cinta en rollo, no es conveniente cortarla antes de acabar el lazo, porque de este modo podemos realizar vueltas sin estar limitados por la longitud de la misma.

6. Repetiremos esta operación por cada vuelta más que queramos añadir. En las tiendas especializadas se comercializan lazos de este tipo que le ahorrarán el trabajo de hacerlos. A pesar de esto, si usted ha escogido una cinta concreta para combinarla con un papel o tiene sus propias preferencias, disfrutará haciendo un lazo con las vueltas que desee.

7. Acabado el lazo, hacemos un último nudo y cortamos el cordel con las tijeras. Este tipo de lazo siempre resulta mejor si se realiza con una cinta un poco gruesa.

8. Para fijar el lazo al paquete le añadimos cinta adhesiva de doble cara en la base, y así, siguiendo la tónica de los pliegues del papel, lograremos una sujeción invisible.

9. Colocamos el lazo sobre la caja, haciendo una ligera presión para que se adhiera bien la cinta. En la imagen se puede apreciar que se ha optado por colocar el pliegue en la parte superior; esto se debe a que tiene una función concreta: puede servir para colocar en él una nota de felicitación o agradecimiento.

Trucos y consejos

Envolver y empaquetar regalos con ilusión es una actividad manual gratificante. Conocer sus secretos hará más fácil el proceso y mejorará la presentación de los mismos. A menudo, el valor de un obsequio reside más en el gusto y cariño puestos en su preparación que en el propio regalo.

Disimular el pliegue

Una forma de de disimular el pliegue central del papel es hacer coincidir la cinta sobre él. Para evitar que la cinta se mueva y deje a la vista el doblez, se puede utilizar la cinta adhesiva de doble cara para fijarla.

1. Fotocopiar y cortar la plantilla

En primer lugar se realizará una fotocopia al tamaño indicado en la página de plantillas de la forma que va a utilizarse. Es más práctico que esta plantilla fotocopiada sea de cartulina. Por lo tanto, si la fotocopia es en papel, se recomienda pegarla con adhesivo en aerosol sobre una cartulina y luego recortarla con tijeras o *cutter*. Para cortar la plantilla o el cartón con el *cutter* se aconseja utilizar una plancha salvacortes o un cartón como base para no estropear la superficie de la mesa.

2. Marcar y cortar en el papel escogido

Se sitúa la plantilla en el papel o cartulina escogido, y se marca la silueta con un lápiz. Luego se recorta la forma. Es preferible marcar el papel por detrás para que no queden señales de lápiz ni goma. Si al utilizar la plantilla ésta se moviese, puede aplicarse cinta adhesiva de baja adherencia, que fijará la plantilla sin dañar el papel.

3. Marcar el pliegue

Con ayuda de la plantilla como referencia, situándola encima y haciéndola coincidir con su forma, se hacen suavemente pequeñas marcas con el lápiz en la cartulina justamente allí donde después se deberá hacer un pliegue. Hay que fijarse bien en la dirección que éste tendrá antes de hacerlo. Seguidamente se escogerá la cara del papel en que se realizarán las marcas.

Cómo utilizar las plantillas

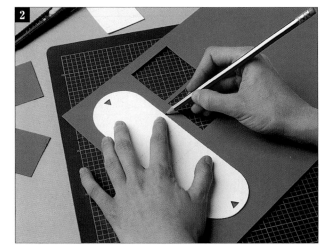

Hacer un pliegue

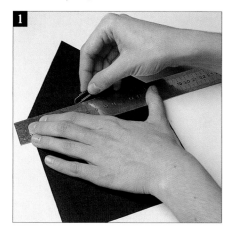

1. Marcar

El trazo que deja un clip sobre el cartón hará que el pliegue quede perfecto. Se sitúa la regla en el papel o cartulina, justo donde se quiera hacer el pliegue, y, como si se dibujase con un lápiz, se hace un trazo con un clip.

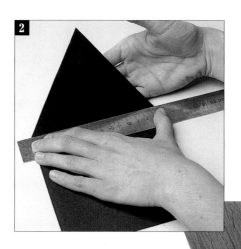

2. Doblar

Sin apartar la regla, doblamos la solapa con comodidad. Al retirarla, obtendremos un pliegue perfecto.

Tirabuzones

Para hacer tirabuzones en la cinta de polipropileno, hay que tomarla entre la yema del pulgar y el filo de la tijera y estirarla hasta el final del cabo. Si queremos hacer un bucle más cerrado, sólo tendremos que repetir la operación.

Recortados

Las cintas se pueden cortar en sus bordes de manera que simulen formas vegetales o cualquier otra que resulte bonita o divertida.

Palmera de colores

Cuatro cintas iguales de tres colores diferentes y un simple nudo dan como resultado este adorno. Si se quiere, los extremos de éstas se pueden cortar o alargar al gusto de uno.

Dividir los extremos

La cinta se puede dividir en varias partes para lograr de este modo más de un tirabuzón o combinar partes con tirabuzón y partes sin.

Corte tradicional

Es un recorte de siempre para el cabo de la cinta. Otro efecto puede consistir en realizar pequeños dientes, en forma de sierra, o el sencillo corte en diagonal.

Imitar hojas

Un pequeño nudo y un par de cortes realizados con las tijeras conseguirán este acabado que sugiere una hoja y que, gracias al nudo realizado, realza el volumen.

Galería de lazos y adornos

Los adornos y las lazadas que cierran un paquete pueden ser tan variados que se podría escribir un libro sólo con ellos. Aquí ofrecemos una muestra de las posibilidades creativas que tiene la elaboración de lazos y adornos para paquetes de regalo. Puede usted escoger la que más le guste para decorar un envoltorio, realizar nuevas versiones o hacer sus propias creaciones.

Para el tocador

Unas bolitas de aceite para el baño envueltas en papel de celofán adornan este pequeño lazo, que no tiene más secreto que el de rizar la cinta con las tijeras.

Ingenioso

Un par de pequeños ovillos de cordel natural y dos pinzas en miniatura sujetando esos recortes de papel conforman un adorno que, por sí misma, puede sugerir esa prenda que se está regalando.

Delicado y elegante

Un cordel dorado sujeta los tres tallos de amapola seca formando un complemento original y elegante.

Dulce

Los amantes de los dulces y los niños agradecerán este par de *chupa-chups* envueltos en papeles metalizados.

Contraste de materiales

Hebras de rafia natural teñida, una hoja pintada con aerosol dorado y una rana de plástico: un contraste de materiales y colores para un adorno sorprendente.

Original

Una pinza en forma de mano sujeta este par de serpientes de goma que visualmente funcionan como los cabos de una cinta.

Conchas

Para los amantes de la costa, es un adorno de tipo marinero de fácil confección: un pedazo de red, cuerda de navegar y unas conchas.

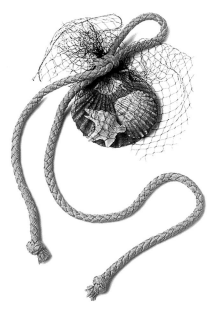

De papel

A falta de cinta se pueden realizar lazos con el papel de envolver; en este caso se ha usado papel de seda en dos colores acompañado de un par de chupetes de cristal.

Natural

Algunas flores secas se venden teñidas de intensos colores, muy adecuados para acompañar a los lazos y nudos realizados con cordeles naturales.

Plástico y seda

El color oscuro de la cinta de seda transparente contrasta con el amarillo de los pequeños soles de plástico que adornan el lazo.

Clásico

Un ramito en miniatura es un buen detalle para acompañar a envoltorios de tipo natural o clásicos.

Divertido

Los limpiapipas de colores pueden ser un curioso adorno si se les da alguna forma divertida como ésta.

Perfumado

Una rama seca con un lazo doble en cinta roja es el soporte de estas frutas aromáticas, que además de adornar el paquete de regalo le dan el toque especial del perfume que desprenden.

Sencillo

Las cintas de tejidos naturales crean bonitas armonías con los adornos de flores secas.

Proyectos

Todos los envoltorios, lazos y adornos que aparecen en los ejercicios de este volumen, han sido ideados para que se puedan llevar a cabo sin complicaciones con materiales que se encuentran en el mercado. A pesar de ello, para tener éxito al realizarlos es importante que se tome su tiempo y siga las indicaciones paso a paso. Le encantará descubrir la gratificación que proporciona decorar un regalo para esa persona tan especial.

Paquete tradicional
Decorar un papel y lazo especiales

ecorar un papel especialmente para envolver un regalo es una manera de hacer un paquete único y tan singular como la persona a la que va dirigido. En este capítulo haremos un estampado sobre el papel con la ayuda de hojas naturales y un poco de pintura. Después realizaremos un lazo especial con cinta de papel, obteniendo un resultado elegante y de carácter tradicional.

Al estampar un papel para regalo hay que tener en cuenta la armonía de los colores del papel y de la pintura, sin olvidar la influencia del tono del lazo que adornará el paquete.

MATERIAL NECESARIO

- Papel poroso para regalo de color ocre
- Pinturas: azul y verde
- Pincel de cerda
- Papel de borrador

- Hojas naturales de chopo y ciprés
- Cinta adhesiva de doble cara
- Cinta de papel granate
- Tijeras, regla, escuadra y lápiz

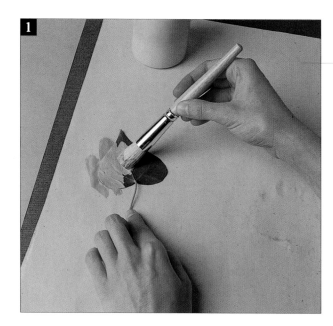

Decorar un papel especialmente para un regalo es una manera de personalizar el paquete y darle un toque especial. Para ello, además de utilizar hojas naturales, se pueden diseñar plantillas de cartulina con formas caprichosas.

1 Para decorar el papel de forma única y personal utilizaremos hojas naturales, que dejan una huella muy interesante. Después de cortar el papel a medida con ayuda de la regla, aplicamos pintura sobre una de las caras de la hoja de chopo.

2 Depositamos la hoja sobre el papel de regalo por la cara pintada, y con la ayuda del papel de borrador o papel secante hacemos presión sobre ella, sin desplazarla. De este modo, evitamos ensuciarnos las manos y podemos hacer presión sobre todos los puntos de la hoja.

3 Una vez hemos acabado con la hoja de chopo, utilizamos una ramita de ciprés y repetimos la operación con otro color. En función de la presión que se ejerza, el resultado será más o menos denso.

4 Después de decorar el papel, hemos dejado que se seque bien la pintura y hemos envuelto el regalo con él. Ahora nos disponemos a realizar el lazo con la cinta. Para evitar que se vea el pliegue del papel, la cinta se coloca exactamente sobre él y se hace un simple nudo dejando sueltos los cabos según la medida deseada.

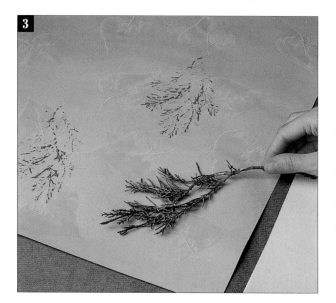

Para decorar un papel aplicándole pintura, es importante que sea lo suficientemente resistente para soportar bien la humedad sin romperse ni alabearse.

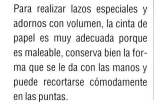

Para realizar lazos especiales y adornos con volumen, la cinta de papel es muy adecuada porque es maleable, conserva bien la forma que se le da con las manos y puede recortarse cómodamente en las puntas.

5 Vamos a realizar un lazo de tres vueltas. Éste se ata con cinta adhesiva de doble cara, de modo que una vuelta se adhiera a otra. Empezamos aplicando cinta adhesiva de doble cara en el borde de la cinta y efectuamos la primera vuelta.

6 Para fijar las otras vueltas se ha utilizado el mismo procedimiento que en el paso anterior. Realizadas las tres vueltas, moldeamos el cabo de la cinta retorciéndolo para simular una rama y dejamos unos treinta centímetros antes de cortar.

Los cabos de la cinta se pueden cortar o trabajar de distintas formas para que armonicen con el contenido del paquete o el estampado del papel. Ver: *Trucos y consejos,* pág. 12.

7 El lazo se coloca fácilmente bajo la cinta atada al paquete. No será necesario fijarlo de otro modo, ya que su forma curvada evita que se mueva.

8 Finalmente, los cabos de la cinta se moldean para darles forma y se recortan las puntas para simular la anatomía de una hoja, creando así una armonía con las referencias vegetales del estampado.

La anatomía de las botellas requiere envoltorios flexibles como un papel fino o cartones resistentes que no pierdan su forma.

Para *gourmets*
Empaquetar botellas

El vino, el champaña o cualquier licor suelen ser los obsequios más adecuados para corresponder a la invitación a una comida, además de resultar el presente indicado para aquellos que saben apreciarlo. Una caja especial y un envoltorio de regalo para botellas son las sugerencias que se exponen en estas páginas: cualquiera de ellas proporcionará a estos objetos un toque de distinción.

MATERIAL NECESARIO

Para la botella de champaña:

- Cartón ondulado microcanal amarillo
- Pegamento de contacto
- *Cutter*, tijeras, lápiz, escuadra y regla
- Plantilla para el asa
- Cinta vegetal azul
- Cartón blanco rígido
- Plancha de corte
- Espátula de cartón

Para la botella de vino:

- Papel de seda verde
- Tarlatana
- Cinta de papel verde
- Cinta de tejido de seda
- Racimo de uvas
- Cinta adhesiva
- Lápiz, regla, escuadra y tijeras

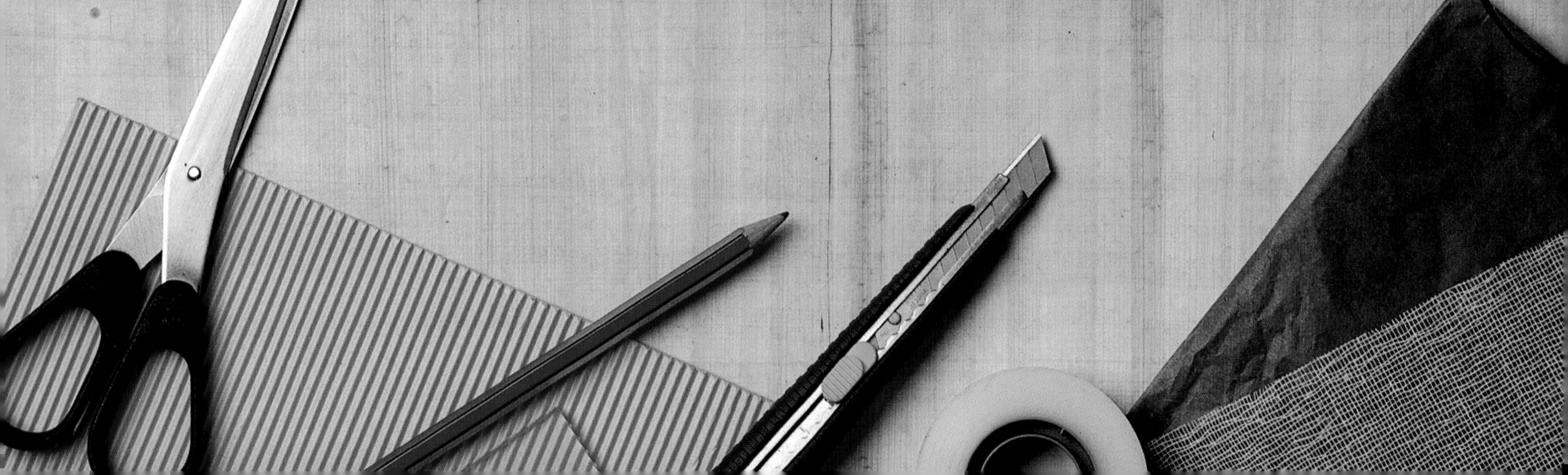

Botella de champaña

1 Colocamos el cartón alrededor de la botella para tomar la medida del diámetro; dejamos un par de centímetros de margen para encolar después los bordes.

2 Para medir la longitud, nos ayudamos de la plantilla del asa, que colocamos a partir del límite del tapón. La plantilla ha sido diseñada para dar la medida adecuada de la parte superior y poder recortar el espacio del asa.

3 Con ayuda del *cutter* y una regla, cortamos el cartón a la medida indicada por las pequeñas marcas de lápiz que hemos ido haciendo cada vez.

4 Colocamos la plantilla en el centro del área del cartón por la parte superior. Usamos el lápiz para dibujar la forma del asa, que recortaremos a continuación con el *cutter*.

5 Tras aplicar pegamento de contacto en los límites de las dos partes del cartón, la extendemos con ayuda de una espátula de cartón a fin de que la distribución del pegamento sea uniforme y no queden puntos sin fijar.

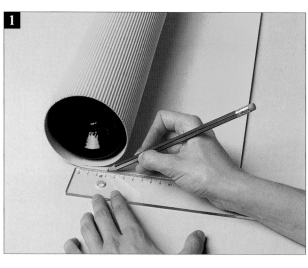

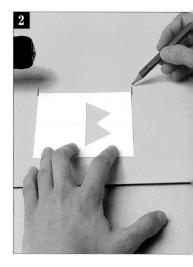

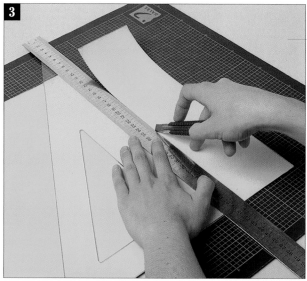

Puede encontrar la plantilla utilizada en la pág. 78. Para cortar con *cutter* sin rayar la mesa debe colocarse una plancha de corte o un cartón bajo el papel.

La línea de la plantilla que marca su eje nos servirá para hacerla coincidir con la marca que divide el cartón en dos mitades.

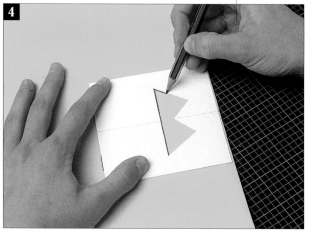

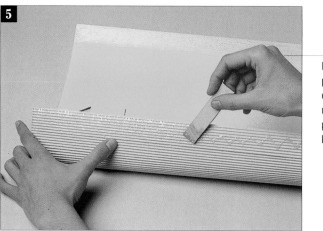

La espátula no es más que un pedazo de cartón cortado para la ocasión. Cuando se utiliza pegamento de contacto, hay que esperar unos minutos antes de unir las dos partes del cartón.

6 Colocamos el cartón alrededor de la botella para evitar que éste se deforme y nos disponemos a pegar las dos partes. Cuando se utiliza pegamento de contacto, es importante seguir las instrucciones que aparecen en el envase y esperar unos minutos antes de unir las dos partes.

7 Aplicamos pegamento sobre ambas caras de un pedazo de cartón rígido para adherirlo entre una cara del paquete y la otra. Gracias a este refuerzo, la botella se podrá manipular cómodamente, sin peligro de que el asa, que es la parte que soporta más peso, se deforme.

8 Una vez pegadas las dos partes con el refuerzo del cartón rígido, sujetamos bien el paquete y recortamos la forma del asa de la cara posterior siguiendo las líneas de la que ya había sido recortada.

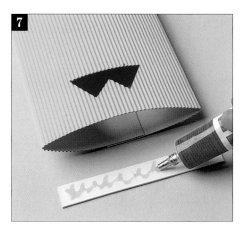

9 Después de introducir la botella en la caja por la parte inferior, hacemos un lazo sencillo. Para acabar, repetimos la operación con un nuevo trozo de cinta, haciendo que coincidan los dos lazos en el centro, pero de manera que se abran en la base para sujetar la botella.

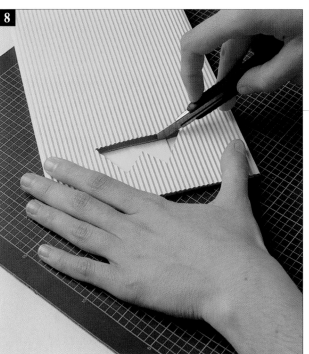

La cuchilla del *cutter* debe estar en buen estado para hacer un corte limpio y preciso. En este tipo de paquete es importante que el lazo se realice con una cinta resistente, ya que será ésta la que soporte el peso de la botella al transportarla.

Botella de vino

1 En este envoltorio vamos a realizar un sutil juego de transparencias gracias a la calidad de la tarlatana. Para ello, utilizaremos un papel de seda como base. Después de cortarlo a la medida adecuada, envolvemos la botella.

Cuando se utiliza cinta adhesiva para fijar pliegues, debe hacerse tan sólo en los lugares no visibles del paquete, como son la base o las partes que después tapará la cinta decorativa. Cualquier tipo de tejido almidonado con una trama que permita ver el fondo puede sustituir a la tarlatana.

2 Con la ayuda de un pedazo de cinta adhesiva sujetamos el papel a la altura del centro de la botella. En la base, realizamos unos pequeños pliegues que también fijamos con cinta adhesiva.

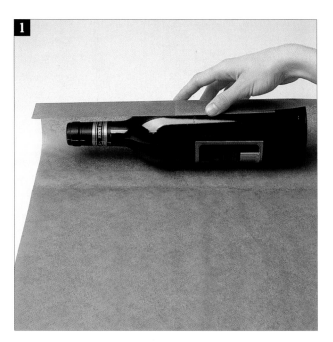

3 Para solucionar la parte superior, hemos arrugado el papel con la idea de que se ajuste al cuello de la botella y, de nuevo, fijamos los pliegues con cinta adhesiva. Este sencillo envoltorio, de papel de seda de un bonito color, junto con algún adorno, podría ser suficiente para presentar la botella.

4 Al cortar la tarlatana hemos dejado unos centímetros de margen por la parte superior. La operación anterior se repite utilizando este material y fijando igualmente los pliegues de la base con un pedazo de cinta adhesiva. La tarlatana tiene el suficiente cuerpo para permitir hacer los pliegues de forma cómoda.

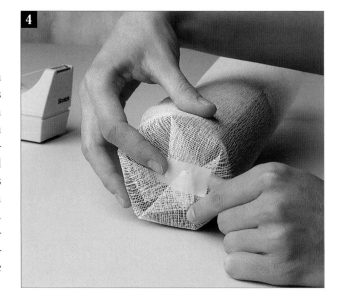

5 Con la mano, moldeamos la forma de la tarlatana para que se adapte al cuello de la botella. Realizamos el lazo mezclando una tira de tarlatana con un pedazo de cinta de papel de un color muy cercano al del papel de seda.

6 Una vez atado el lazo al cuello de la botella se producen cuatro cabos en dos colores. Recortamos ovalmente la cinta de papel. Hacemos lo mismo con los cabos de tarlatana, que, al igual que el cuello de la botella, hemos recortado dando una suave ondulación.

7 Sobre el primer lazo se ata un pedazo de cinta de seda de un matiz azul violáceo que produce una bonita armonía de contraste, tanto por el color como por la transparencia. Sobre ella se añade el adorno del racimo de uvas.

Los adornos con frutas naturales resultan frescos y muy atractivos, pero tienen el inconveniente de que el paquete debe ser entregado el mismo día que se aplica el adorno. Si usted piensa guardarlo unos días antes de hacer el regalo, puede utilizar en su lugar frutas artificiales.

Bolsitas multiusos
Para envolver cualquier regalo

*L*os objetos alargados y de tamaño mediano pueden ser presentados en pequeñas bolsitas de tela o de papel, que después se podrán volver a utilizar para guardar cualquier cosa. La forma de unas gafas de sol o el cuerpo blando de unos calcetines se adaptarán perfectamente a la anatomía de estos bonitos, originales y reciclables envoltorios.

Antes de cortar el material para hacer cualquiera de las bolsitas, es preciso tomar medidas considerando que el objeto debe encontrarse suelto dentro de la bolsa, y que hay que dejar un margen para coser o pegar los lados de ésta.

MATERIAL NECESARIO

Para la bolsita de tela:

- Tela de yute azul
- Tijeras, regla, escuadra y rotulador
- Aguja de coser lana
- Cordel natural
- 2 cuentas de madera
- Ramitas de espliego
- Cinta adhesiva de doble cara

Para la bolsita de papel:

- Plantilla
- Papel artesanal con filamentos de seda, color naranja
- Cartulina verde
- Lápiz, rotulador negro, tijeras, regla y escuadra
- *Cutter* y plancha de corte
- Cinta adhesiva de doble cara
- Adhesivo en aerosol
- Adorno vegetal

Bolsita de tela

1 Cortamos la tela de yute a la medida del regalo. El objeto que vamos a envolver debe estar suelto dentro de la bolsa, por lo que habrá que dejar algunos centímetros de margen al tomar medidas.

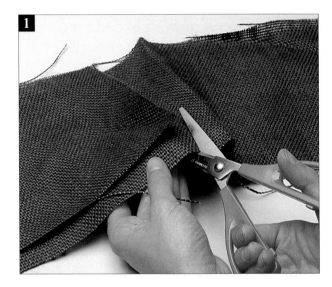

Para hacer una bolsa de tela no es necesario saber utilizar el hilo y la aguja. Este ejercicio ha sido diseñado para tener que realizar pocos puntos, y éstos tienen una finalidad decorativa.

2 La tela debe cortarse de modo que resulte una larga tira que, al ser doblada, formará el cuerpo de la bolsa. Deshilachamos los bordes de la tira de tela dejando un flequillo de un centímetro.

3 Para pulir los extremos que no han sido deshilachados y coser con comodidad, utilizamos la cinta adhesiva de doble cara. Debe situarse en el borde antes de hacer el dobladillo con los dedos; éste se pegará gracias a la cinta, ahorrándonos el trabajo de coserlo.

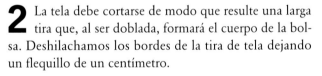

4 Una vez solucionado el dobladillo, unimos las dos partes con la mano y empezamos a coser con el cordel. Es importante que el grosor del cordel no exceda al del orificio de la aguja, pues de otro modo no habrá forma de enhebrarla.

5

5 Cuando llegamos al final, introducimos la aguja por el último punto que hemos dado para hacer un nudo. Si este nudo quedase flojo, repetiremos la operación para fijarlo.

6 Introducimos el cordel en el orificio de las cuentas de madera. Éstas se pueden añadir en su color natural o pueden pintarse con cualquier tipo de pintura.

6

La tela de yute se puede adquirir en varios colores, además de en su tono natural, muy similar al del cordel.

7

7 Introducimos el regalo en la bolsa y la cerramos con el cordel que acompaña a las cuentas. Hacemos un primer lazo para decorar antes de añadir el adorno de espliego.

8 Añadimos el espliego y lo sujetamos haciendo un nudo con las dos vueltas del lazo realizado en el paso anterior. De este modo tenemos la seguridad de que no se desprenderá.

En las floristerías y tiendas especializadas se pueden adquirir hierbas secas para decorar los lazos; en caso de urgencia, se puede echar mano de alguna de las que se suelen encontrar en la cocina.

8

Bolsita de papel

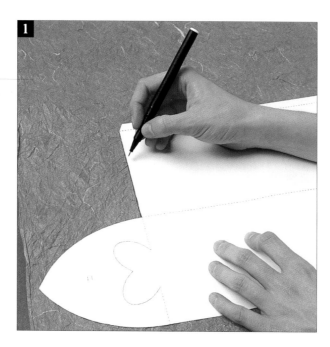

Para aumentar el tamaño de una plantilla y adaptarla al de un regalo sólo tendrá que hacer una fotocopia a la escala adecuada. En la pág. 78 encontrará todas las plantillas que se utilizan en los envoltorios que aparecen a lo largo de este libro.

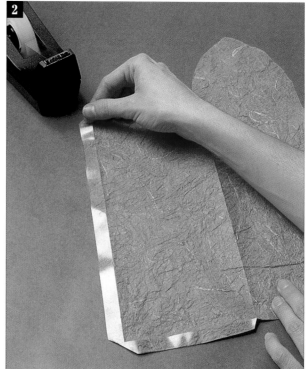

1 Extendemos la lámina de papel artesanal con filamentos de seda sobre la mesa y dibujamos su forma, utilizando la plantilla aumentada al tamaño adecuado para envolver el regalo escogido. Después, la recortaremos con las tijeras porque es un material blando.

2 Para adherir los lados usamos el recurso de la cinta adhesiva de doble cara, que, además de producir resultados limpios, tiene la ventaja de darle a ese borde un poco de cuerpo. La consistencia del papel artesanal con filamentos de seda es como la de una tela fina, que se dobla fácilmente y cae con languidez.

3 Con el adhesivo en aerosol pegamos un pedazo de cartulina verde en la parte posterior de la solapa. Esta cartulina tiene una función doble: por un lado, su color contribuye a la decoración produciendo un bonito contraste; por otro, su rigidez le dará cuerpo a dos de los pétalos de la flor y a la pestaña con la que se cierra la bolsa.

A pesar de la presencia de cartulina y cinta adhesiva en la composición de esta bolsa, la influencia del papel artesanal con filamentos de seda hace que sea muy blanda y se doble con facilidad; el regalo en su interior la mantendrá rígida y con cuerpo.

4 Recortamos la cartulina con ayuda del *cutter*, siguiendo la línea que marca el papel artesanal con filamentos de seda. El color escogido para la cartulina lo ha sido porque crea una armonía interesante: además del contraste general que produce con el naranja del papel, hace juego con el tono de los pequeños hilos que lo componen.

Siguiendo el mismo proceso de elaboración, se puede realizar cualquier modelo a partir de las bolsitas que aparecen en este capítulo. Con cualquier material que se pueda coser o pegar correctamente, se pueden hacer nuevas y variadas versiones. La combinación de colores o los adornos que se les añadan dependerán de su gusto y su imaginación.

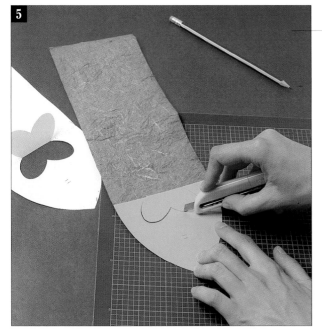

Para cortar en línea recta es mejor utilizar el *cutter* y la regla que hacerlo a pulso con las tijeras. También utilizaremos el *cutter* para cortar formas en el interior de un papel cuando no podamos empezar por el margen de la superficie como en este caso.

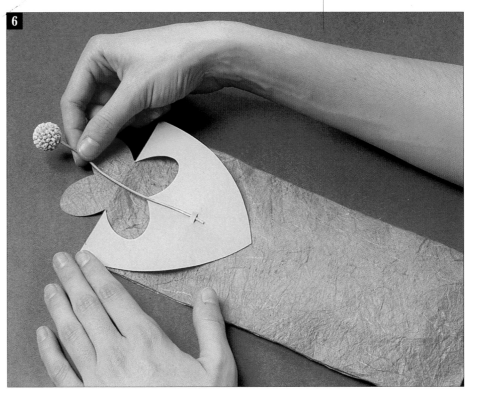

5 Hemos recortado los pétalos en la plantilla y dibujado la forma que aparece sobre la cartulina verde. Ahora tan sólo nos queda recortarla. Para realizar este dibujo es aconsejable utilizar un lápiz y hacer trazos tenues. En el caso de que se vieran restos de la línea, los borraremos con una goma una vez recortados los pétalos.

6 Con la punta del *cutter* hemos hecho las pequeñas incisiones que habíamos marcado antes. Entre ellas introducimos el tallo de la flor seca hasta que la bola coincida con el centro de los cuatro pétalos para simular el botón de polen.

Para envolver el libro con el papel de regalo sólo hay que seguir los pasos del apartado *Envolver un paquete y hacer un lazo*, pág. 10.

Para intelectuales
Detalles para envolver un libro

*P*or su gran aceptación, los libros son uno de los regalos que no suelen faltar en fechas señaladas. Su forma regular y su tamaño son una ventaja en el momento de envolverlos, pero un inconveniente para presentarlos, porque su aspecto resulta poco atractivo. Algunos detalles y un poco de imaginación en el momento de poner la cinta bastarán para convertirlos en un paquete encantador.

MATERIAL NECESARIO

Para el libro adornado con la hoja:

- Papel reciclado con motas vegetales, color natural
- Hoja natural
- Cordel de yute natural
- Pegamento de contacto
- Encendedor y lacre
- Sello con la inicial
- Lápiz, regla, escuadra y tijeras
- Cinta adhesiva de doble cara

Para el libro con adorno de pluma:

- Papel con hilos de seda de colores
- Cordón de papel con alambre
- Pluma natural
- Cinta adhesiva de doble cara
- Lápiz, regla, escuadra y tijeras

Libro sellado

Recoger hojas naturales con el fin de adornar paquetes de regalo puede ser una buena excusa para dar un paseo por la naturaleza y comparar tipos y tamaños hasta dar con el más indicado.

1 Después de envolver el libro con el papel de regalo, hemos colocado la hoja sobre él y empezamos a atarla con el cordel de yute, de modo que éste la cubra tan sólo por sus extremos.

2 Tras dar dos vueltas de cordel sobre el paquete lo atamos con un nudo simple, dejando dos cabos de unos diez centímetros. En esta imagen podemos comprobar que es importante que el tamaño de la hoja se ajuste al del libro, para crear así el equilibrio adecuado con los tres elementos.

3 Después de calentar la barra de lacre, la aplicamos sobre el cordel, uniendo los dos cabos que anteriormente hemos fijado con una gota de pegamento. Esta operación hay que realizarla con cierta rapidez, para evitar que el lacre se seque sobre el cordel antes de haberlo moldeado con el sello.

4 Tras depositar la cantidad de lacre adecuada para sellar el cordel, aplicamos el tampón con la inicial de la persona a la que va dirigido el libro, y esperamos unos momentos antes de retirarlo.

La operación de aplicar el sello con la inicial sobre el lacre se debe realizar con rapidez, pues así evitamos que el lacre se seque antes de haberlo marcado.

Libro
con pluma

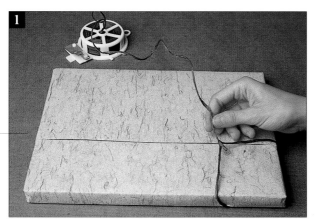

La espontaneidad en los cruces del cordel y pequeños nudos sobre el libro pueden llegar a ser sumamente decorativos.

1 Al envolver el libro con el papel de regalo, hemos situado el pliegue a un lado, ya que vamos a realizar el adorno en esta cara del paquete. Comenzamos atando la cinta alrededor de una de las esquinas del libro.

2 Pasamos la cinta por el ángulo opuesto, realizando un dibujo similar al anterior pero ligeramente mayor. Después, estiramos la cinta para cruzarla por el lado y rodeamos la otra esquina.

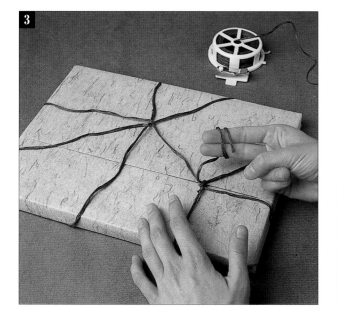

3 Se ha ido colocando la cinta sin hacer presión para lograr el efecto de garabato impreciso que produce la presencia del hilo de alambre en su interior. Precisamente este alambre es lo que nos permite realizar un tirabuzón con los dedos.

Para fijar al paquete adornos delicados que no se sujetan con ayuda de la cinta, en este caso la pluma, es aconsejable utilizar un poco de cinta adhesiva de doble cara para no estropear la pluma en exceso, ya que es un adorno y al mismo tiempo un obsequio.

4 Una vez que hemos terminado con la cinta, colocamos la pluma de modo que simule estar sujeta por ella. Para evitar que se mueva al transportarla, la fijamos al paquete con un pedazo de cinta adhesiva de doble cara.

Regalo otoñal
Un paraguas y unos guantes

Para recortar cartón con formas curvas es mejor utilizar el *cutter* que las tijeras. Antes de empezar, es recomendable hacer alguna prueba aparte, pues para lograr resultados perfectos hay que tener un buen pulso y ser preciso.

Ɛs habitual que los objetos alargados se conviertan en un problema a la hora de presentarlos para regalo. Su forma longitudinal requiere un esfuerzo de imaginación para darle armonía al conjunto y que no resulte desgarbado. En este capítulo ilustramos dos interesantes propuestas, que convierten un paraguas en un regalo divertido y unos guantes en un paquete delicado.

MATERIAL NECESARIO

Para el paraguas:

- Papel de embalar azul
- Cartulina metalizada plateada
- Cartón blanco
- Algodón
- Tijeras, lápiz, regla y escuadra
- Plancha de corte y *cutter*
- Látex o cola de carpintero
- Brocha o pincel
- Cinta adhesiva de doble cara
- Plantillas

Para los guantes:

- Papel de seda naranja
- Cartón ondulado microcanal plateado
- Cordel de seda verde
- Flores secas
- Cinta adhesiva
- Tijeras, *cutter,* regla y escuadra
- Plancha de corte
- Rotulador de punta fina, clip y punzón

Un paraguas

1 La anatomía del paraguas, más ancho por el mango que por la punta, nos obligará a cortar el papel en forma triangular. Una vez situado el paraguas sobre el papel, marcamos las medidas con un lápiz y empezamos a cortar.

Para envolver objetos grandes como éste, es necesario utilizar papeles de dimensiones adecuadas. La mayoría de los papeles para regalo no suelen tener esas medidas, por lo que habrá que recurrir a otros que se vendan por metros, como el papel de embalar.

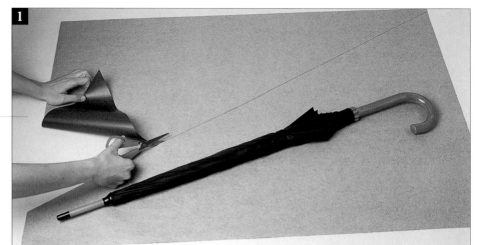

2 Realizamos el pliegue central siguiendo la forma del papel, de modo que éste forme también un pequeño triángulo que empieza unos centímetros más arriba de la punta y se ensancha en la parte del mango.

3 Para cerrar la parte del mango, hacemos los mismos pliegues que se harían si se tratase de una caja y, al igual que hemos hecho con el pliegue central, fijamos las dos partes con cinta adhesiva de doble cara.

4 Para cerrar la parte de la punta, bastará con doblar el papel de forma sencilla y fijarlo de nuevo con cinta de doble cara para que permanezca oculta en el doblez. Si queremos mejorar el acabado de esta parte, se puede hacer un pliegue doble en lugar de uno simple.

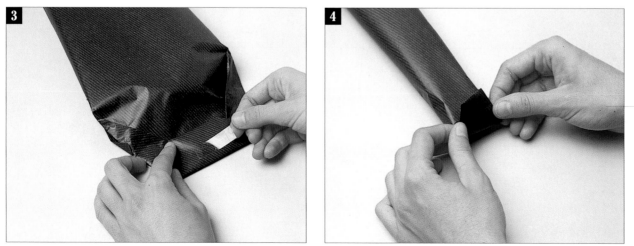

Si al fijar los pliegues, se comprueba que el papel resulta demasiado grande, es aconsejable cortar el exceso con las tijeras antes de añadir la cinta adhesiva.

Un cartón medianamente grueso puede sustituir perfectamente a la plancha de corte. Es aconsejable proteger la mesa con alguno de estos dos métodos, pues es fácil que el *cutter*, al atravesar el cartón que se está cortando, produzca rayaduras en su superficie.

5 Empezamos a hacer el adorno: después de dibujar la forma de las nubes con la plantilla que encontrará en la pág. 79, las recortamos con ayuda del *cutter* utilizando una plancha de corte, ya que el grosor del cartón nos obliga a hacer presión. Haremos lo mismo para cortar el rayo.

6 Una vez recortadas las nubes, aplicamos la cola de carpintero en la cara blanca del cartón, utilizando para ello una brocha o un pincel, y adherimos el algodón. Para realizar esta operación se puede utilizar también pegamento para papel, siempre que éste quede extendido de manera uniforme por la superficie.

Los objetos alargados suelen convertirse en un paquete poco atractivo si no se les añade algún elemento decorativo. Si no se dispone de mucho tiempo, siempre tenemos la alternativa de sustituir las nubes por una hoja seca y el rayo por una cinta que caiga con languidez.

7 Cuando la cola se ha secado y la masa de algodón está perfectamente pegada, le damos forma a la nube encolando las hebras de algodón que sobresalen por los lados.

8 Para pegar el adorno sobre el paquete utilizamos de nuevo la cinta adhesiva de doble cara, colocando las nubes sobre el rayo plateado. Los adornos de este tipo ponen a prueba la imaginación y permiten dar rienda suelta a la creatividad añadiendo menos elementos: un sol tras las nubes o gotas de agua sugeridas por pequeñas escamas de plástico o lentejuelas.

Unos guantes

Conseguir los materiales necesarios para envolver un regalo puede ser tan gratificante como el trabajo manual: escoger los colores adecuados y las texturas que armonicen es el primer paso de la creatividad.

1 Colocamos los guantes sobre el papel de seda para tomar la medida y cortamos con las tijeras. Realizamos este corte en el papel doblado puesto que así, al tener dos capas, resulta opaco y no transparenta.

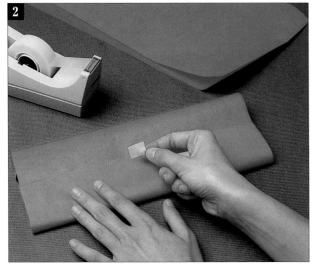

2 Envolvemos los guantes con la mayor sencillez, dejando los extremos sin cerrar. Fijamos las dos partes del papel con cinta adhesiva, ya que este primer envoltorio apenas se verá una vez colocado dentro del cartón ondulado.

3 Antes de cortar el cartón ondulado hemos tomado medidas, comprobando que la longitud de la lámina es la adecuada para cubrir la superficie del paquete y superponer una tapa sobre otra. Con ayuda del *cutter* y una regla, realizamos un corte limpio y preciso.

4 Después de hacer el primer doblez, situamos el paquete con los guantes para tomar la medida correcta del segundo pliegue. Luego, con ayuda de la regla, reseguiremos esa línea con un clip.

El cartón ondulado representa un soporte muy adecuado y original para envolver de este modo cualquier otro tipo de pequeña prenda de ropa.

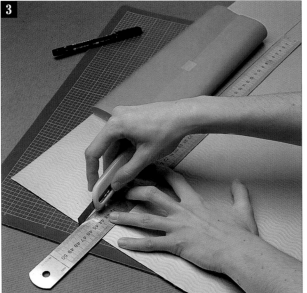

Para doblar el cartón o el papel grueso de modo que resulte un pliegue perfecto, hay que utilizar un clip y una regla. Ver: *Trucos y sugerencias*, pág. 12.

5 Para hacer los orificios por donde pasaremos el cordel, se podría utilizar la misma herramienta con la que se hacen los agujeros en los cinturones. A falta de este recurso, usamos un punzón, que también da buen resultado.

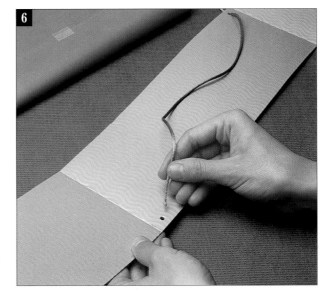

6 Introducimos el cabo del cordel por cada uno de los orificios, de modo que nos quede un pedazo de cabo por cada lado. Antes de cortar el cordel es conveniente calcular la medida para que no se quede corto al atar el paquete.

Tanto si se pretende lograr un resultado cromáticamente armónico como si se prefiere jugar con el contraste, es importante tener en cuenta el color de los adornos florales al escoger el tono del papel de seda.

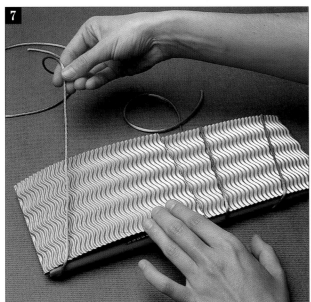

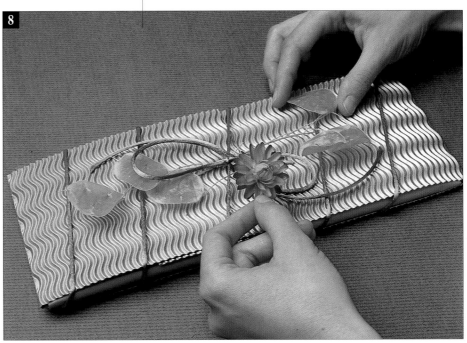

7 Cerramos el paquete y empezamos a atarlo con el cordel, de modo que haga un dibujo de líneas paralelas. El hecho de pasarlo por el orificio garantiza una mayor sujeción y evita que se mueva.

8 Para acabar, hemos realizado un lazo simple y colocamos el adorno de flores secas, sujetando los tallos bajo el cordel. El color de las flores está en armonía con el del papel de seda, creando así un bonito equilibrio entre lo que se halla a la vista y la sorpresa que se encuentra bajo el cordel y el cartón plateado.

Objetos redondos
Una pecera

L os objetos redondos tienen el atractivo y la fascinación que produce el círculo, pero el inconveniente de que envolverlos en papel de regalo puede ser un trabajo de una meticulosidad exasperante. Para solucionar este problema y lograr un bonito paquete con el protagonismo de la esfera, bastará con escoger un papel flexible y un adorno delicado.

MATERIAL NECESARIO
- Papel crespón verde
- Cinta de polipropileno dorada
- Ramitas secas
- Regla, escuadra y tijeras
- Lápiz
- Cinta adhesiva

Además del papel crespón, en las tiendas especializadas se pueden adquirir otros papeles elásticos para envolver paquetes redondos.

1 Tomamos la medida del largo y ancho del papel, teniendo en cuenta que se va a realizar un adorno sobre la pecera con la misma pieza de papel que se utilice para envolverla. Por ello dejamos un margen de unos treinta centímetros en la parte superior.

El papel crespón se estira fácilmente pero no se encoge; no hay que olvidar, pues, que una vez dado de sí ya no podrá manipularse como antes.

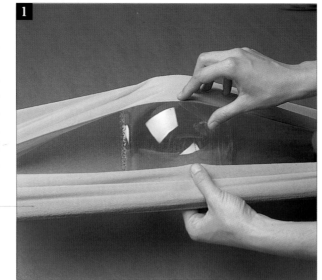

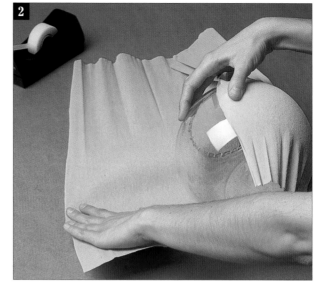

2 Envolvemos la pecera con el papel crespón. La calidad elástica de este material, junto con una cierta presión en la dirección adecuada, hace que se expanda por la parte central, la más ancha, conservando los pliegues en los extremos.

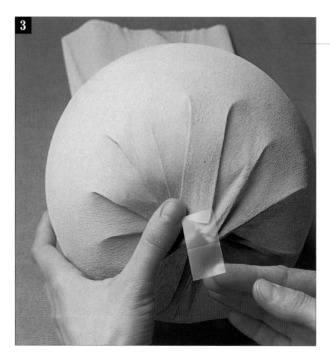

El papel crespón es delicado y se arruga con facilidad, por lo que habrá que tener cuidado al manipularlo mientras se está envolviendo el regalo y evitar arrugar lo que después será el adorno sobre el paquete.

3 El mismo papel nos indica la cantidad y grosor de los pliegues. Para cerrar por la base, sólo tenemos que definir la arruga presionando ligeramente con los dedos y fijar los pliegues con un pedazo de cinta adhesiva.

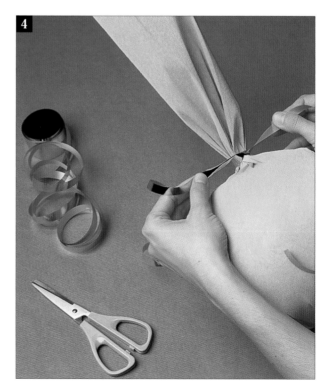

4 Cerramos la parte superior rodeándola con la cinta y haciendo un nudo simple. En este lado, que corresponde a la boca de la pecera y es plano, preferimos dejar las arrugas naturales que hace el papel crespón en lugar de trabajar los pliegues como hemos hecho en la base.

5 Estudiamos la proporción que debe haber entre la altura de la pecera y la del adorno que haremos con el papel, cortando éste a la medida adecuada. Durante todo el proceso manipulamos el paquete con cuidado, pues el papel crespón es delicado.

6 Hacemos cinco partes del papel que sobresale, cortando hasta el límite de la cinta. El número de piezas de papel que se hagan en este paso depende del propio gusto, ya que si se cortan pequeñas tiras, el resultado será distinto aunque igualmente interesante.

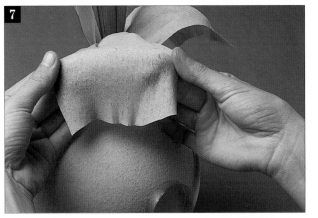

7 Damos forma a las tiras de papel crespón, estirando el papel a lo ancho en toda su capacidad, y curvándolas para simular los pétalos de una flor o las hojas de una palmera.

El papel crespón se comercializa en una amplia gama de colores y matices, lo que permite combinar varios tonos en un mismo paquete y hacerlo más llamativo.

8 Para acabar, hemos hecho un tirabuzón en la cinta estirándola entre un dedo y el filo de las tijeras (Ver: *Trucos y consejos*, pág. 12). Añadimos el adorno vegetal introduciendo el tallo entre la cinta y el papel.

Envolver una planta
Decorar con cinta y con celofán

L as plantas, además de ser el regalo perfecto para los amantes de la jardinería, resultan un buen detalle para agradecer un favor. Puesto que son un ser vivo y necesitan respirar, un envoltorio que no permita el paso del aire libremente podría mustiarlas. Por eso habrá que presentarlas de manera que se cubra poco más que la maceta donde se encuentran.

MATERIAL NECESARIO

Para el envoltorio de celofán:

- Tres papeles de celofán transparente
- Cordel blanco de papel
- Goma elástica
- Cordel de cáñamo fino
- Cinta gofrada metalizada color magenta
- Regla, escuadra y tijeras
- Cinta adhesiva
- Cartón o papel secante

Para el envoltorio de cinta:

- Cinta de tela dorada con alambre
- Cinta de tela metalizada color granate
- Tijeras y cinta adhesiva
- Cinta métrica
- Cartón o papel secante

Con cinta

1 Después de limpiar la maceta con una esponja húmeda para retirar los restos de tierra, esperamos a que esté bien seca y tomamos la medida de las vueltas en función del tamaño de la maceta y la altura de las ramas.

Cualquier tipo de cinta con la suficiente rigidez para mantenerse erguida puede sustituir a la cinta con alambre.

2 Con esa medida cortamos cuatro tiras de cinta iguales. Puesto que esta presentación se realiza exclusivamente con cinta, es importante conocer las medidas antes de adquirirla por metros, o prestar atención a las indicaciones sobre su longitud si se trata de un rollo.

3 Realizamos una vuelta con cada pedazo de cinta, situándolos alrededor de la maceta con un orden simétrico, de modo que simulen un gran lazo cuyo centro es la planta. Para sujetarlos rodeamos la maceta con cinta adhesiva.

4 Tomamos el cabo directamente del rollo y lo fijamos en la parte inferior de la maceta dejando algunos centímetros de margen para poder pegarlo después a la base.

Para adherir el cabo de tela dorada a la base de la maceta utilizaremos cinta adhesiva, procurando que cubra el agujero del tiesto para que no desprenda tierra. La cinta con alambre permite muchos recursos, ya que al mantener la forma que se le da con las manos puede trabajarse de mil maneras distintas, produciendo tirabuzones y vueltas caprichosas.

5 Hacemos un pliegue y comenzamos a rodear el tiesto con la cinta gruesa partiendo de la base. En cada vuelta iremos cubriendo un poco más el tiesto hacia arriba.

6 Una vez que hemos llegado hasta el borde de la maceta, cortamos y retorcemos el cabo de la cinta y lo ocultamos tras una de las vueltas. El alambre que lleva en su interior nos permitirá volver a colocar ese cabo correctamente una vez que hayamos acabado esta operación.

7 Con la cinta de tela metalizada rodeamos la maceta por su parte superior y empezamos a hacer un lazo sencillo. El color de esta cinta debe escogerse teniendo en cuenta el color de la planta y sus flores.

8 Acabado el lazo, sólo resta dar forma a la cinta dorada y estirar las posibles arrugas que se hayan producido durante el proceso de empaquetado. El alambre que la cinta lleva en sus bordes permitirá realizar esta operación sin problemas y modelar las vueltas a nuestro gusto.

Con celofán

1 Hemos calculado la medida de las hojas de papel de celofán teniendo en cuenta que deberán elevarse por encima de la maceta, llegando hasta la mitad de la planta aproximadamente. Las hemos cortado en forma de cuadrado perfecto y las colocamos bajo la maceta de modo que las puntas sobresalgan como si se tratase de una estrella.

2 Recogemos las hojas de papel alrededor de la maceta y colocamos una goma elástica para sujetarlas mientras atamos el cordel de papel a su alrededor. Al realizar esta operación, deberemos fijarnos en que, desde ese momento, las puntas de los papeles queden bien repartidas y no haya huecos.

3 Empezamos a atar el cordel de papel rodeando con él la maceta por su parte inferior y cruzando los dos cabos. Al hacer esto, hay que llevar cuidado de no tumbar la planta sobre la mesa, pues se podrían arrugar las puntas de los papeles de celofán.

Si vamos a envolver una planta cuya tierra está mojada y desprende humedad por el orificio de su base, colocaremos bajo la maceta un pedazo de cartón o papel secante para proteger el papel de celofán.

4 El cabo suelto de cordel se esconde bajo la maceta fijándolo con cinta adhesiva. El otro cabo llega hasta el ovillo, ya que no ha sido cortado, pues no sabemos con exactitud qué largo de cuerda necesitaremos en total.

5 Rodeamos la maceta con el cordel subiendo en espiral hasta llegar al margen del tiesto. Al hacer esto, es importante estirar el cordel y mantenerlo tenso para que no quede suelto.

6 Cortamos el cordel cuando las dos últimas vueltas se encuentran, y las unimos con un nudo simple. Si se quiere asegurar esa sujeción, se puede reforzar con un pedacito de cinta adhesiva. Después, retiramos la goma elástica.

Al manipular la planta para rodear la maceta con el cordel de papel, debe prestarse atención para no arrugar las puntas de papel de celofán.

7 Opcionalmente, los lazos de muchas vueltas como éste se pueden comprar ya hechos. El que aparece en la imagen lo hemos realizado siguiendo los pasos que indica el apartado *Envolver un paquete y hacer un lazo,* pág. 10.

8 Para sujetar el lazo a la maceta lo hemos atado con cordel fino; rodeamos la maceta con él. En la parte posterior lo cerramos con un nudo. En la imagen se puede ver que, para que no se aprecie, hemos hecho coincidir en la parte posterior tanto el nudo del cordel de yute como el cruce del cordel de papel. Antes de empezar, no olvide que debe secarse bien la base de la maceta antes de depositarla sobre el papel de celofán para dañarlo lo menos posible.

Paquetes para niños
Caramelos y ropa de bebé

Cuando se trata de regalar dulces caseros o que se venden a granel, habrá que realizar algún tipo de envoltorio que se adapte al mundo del niño; en este apartado desarrollaremos unas divertidas cajas para dulces. Pero cuando hay que hacer un regalo a un recién nacido, habrá que conjugar las temáticas infantiles con el gusto de la madre.

Cualquier prenda de ropa envuelta en papel ganará firmeza y presencia si se coloca una pieza de cartón rígido bajo ella.

MATERIAL NECESARIO

Para el envoltorio de caramelos:

- Tubo de cartón
- Una tira de cualquier papel
- Papel de regalo para niños
- Rotulador, *cutter*, regla, escuadra y tijeras
- Plancha de corte
- Adhesivo en aerosol
- Papel de celofán estampado
- Cintas de polipropileno de tres colores

Para la ropa de bebé:

- Cartón blanco
- Lápiz, *cutter*, regla, escuadra y tijeras
- Plancha de corte
- Plantilla de pececillos
- Papel adhesivo celeste
- Papel vegetal estampado
- Papel amarillo para envolver
- Cinta de seda azul

Caramelos

1 Tomamos un tubo de cartón de los que se suelen usar como soporte del papel de cocina o cualquier otro papel en rollo de uso doméstico. Sobre el tubo decidimos la medida que deseamos que tenga el paquete, en función de la cantidad de caramelos que vamos a regalar.

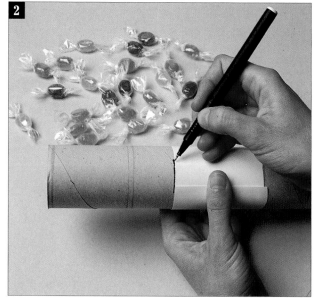

2 Hemos cortado una tira de papel de un folio y rodeamos con ella el tubo de cartón. De este modo, nos servirá de regla para trazar una línea recta en todo el contorno del canuto.

No hay que intentar cortar el canuto en todo su diámetro de una sola vez, como si se tratase de una barra de pan, pues es posible que el *cutter* se desvíe y el corte resulte irregular. Es mejor hacer una incisión en un punto y cortar siguiendo la línea trazada hasta dar toda la vuelta.

3 Siguiendo la línea marcada con anterioridad, cortamos el tubo con el *cutter*. Para cortar el tubo correctamente no hay que atolondrarse intentando cortar de una vez todo su diámetro, sino que es mejor seguir la línea como si estuviéramos repintándola con un lápiz.

4 Con el cartón cortado, tomamos la medida del papel de regalo para niños, tanto a lo largo como a lo alto. En lo que se refiere a la longitud del canuto, hay que cortar el papel justo a la medida; pero cuando se trata del diámetro, es mejor dejar un par de centímetros de margen para superponer una parte del papel sobre la otra.

5 Aplicamos adhesivo en aerosol sobre el pedazo de papel por la cara que no está estampada. El adhesivo en aerosol es el más cómodo para este tipo de trabajo, aunque se puede utilizar cualquier otro, o bien pegamento para papel.

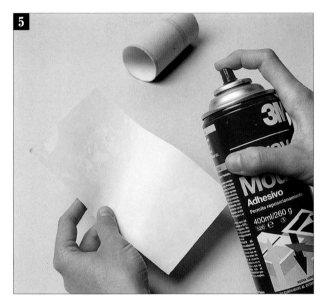

Al pegar el papel de regalo sobre el canuto, debe procurarse que ambos coincidan perfectamente en sus límites. Este paquete se puede rellenar con todo tipo de dulces y chocolatinas; también se puede utilizar un papel más serio, de modo que se convierta en un envoltorio para adultos.

6 Apoyamos el tubo de cartón sobre la lámina de papel y adherimos los dos elementos haciendo rodar lentamente el canuto sobre el papel. Al llevar a cabo esta operación, hay que prestar atención para que el tubo no se desvíe de los límites del papel.

7 Hemos utilizado papel de celofán para envolver el canuto y lo hemos cerrado por un lado, dejando que sobren unos centímetros de papel de celofán como si se tratase de un caramelo. Por el otro lado, introducimos los dulces en el paquete.

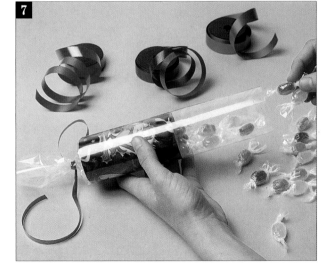

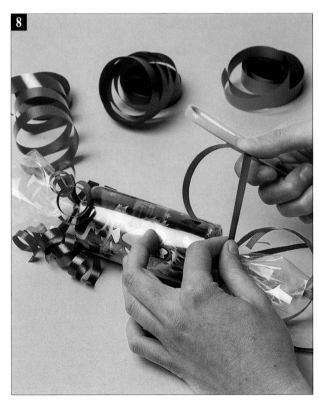

8 Una vez cerrados los dos lados con las cintas de colores, sólo resta hacer un tirabuzón en cada una de ellas con ayuda de las tijeras. El resultado es un divertido envoltorio de dulces que parece un gran caramelo.

Ropa de bebé

1 Recortamos los pececillos que hemos dibujado con ayuda de la plantilla sobre el papel adhesivo. En la pág. 78 encontrará la plantilla que hemos usado en este ejercicio; si no quiere utilizarla, puede hacerse otra usted mismo con cualquier forma graciosa.

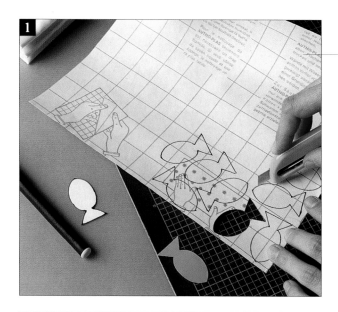

Usted puede hacer sus propias plantillas desarrollando o copiando cualquier elemento que le resulte gracioso, o combinar varios animales en un mismo paquete.

La presencia del cartón blanco bajo las pequeñas camisetas es fundamental para que el paquete tenga una base rígida, manteniéndose en perfecto estado durante su transporte.

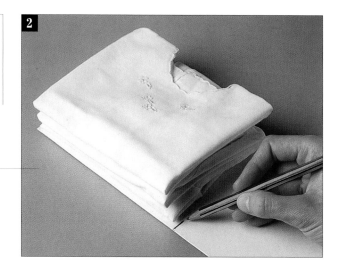

2 Tomamos la medida en el cartón blanco para cortarlo. Esta lámina de cartón hará de soporte de las pequeñas camisetas de recién nacido. No hay que olvidar que las prendas de ropa son blandas y el paquete, una vez acabado, podría doblarse al transportarlo, produciéndose feas arrugas.

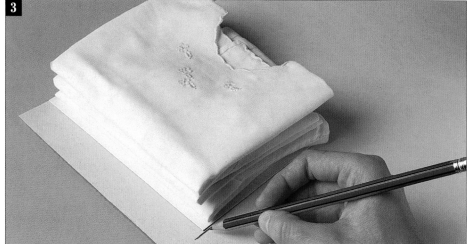

3 Ahora tomamos la medida del papel amarillo con el que envolveremos la ropa de una forma sencilla. El color de este papel se adivinará bajo el papel vegetal; por ello es importante escogerlo teniendo en cuenta esta circunstancia.

4 Envolvemos las camisetas sobre el cartón, cerrando el papel por un solo lado. Un pececillo nos sirve de cinta adhesiva. A su alrededor pegaremos algunos más para que se vean a través del papel vegetal.

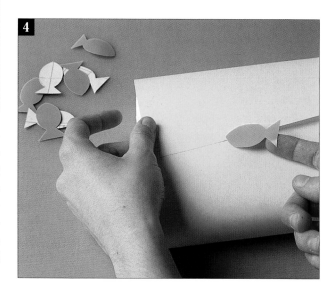

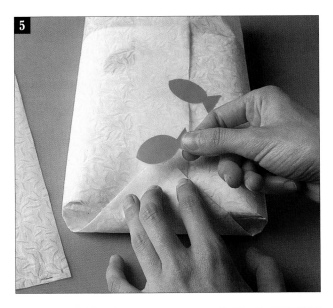

5 Envolvemos el paquete en papel vegetal y sustituimos de nuevo la cinta adhesiva por los pececillos que forman parte de la decoración del envoltorio.

6 En la parte superior del paquete, añadimos algunos pececillos más, creando un juego entre los que se encuentran bajo el papel vegetal y estos últimos. Este paquete es adecuado para niños de todas las edades, pero si se trata de un recién nacido hay que pensar que la persona que más apreciará ese trabajo será la madre.

Es importante que el color de la cinta se aproxime al tono de los pececillos para dar una sensación de conjunto.

7 Vamos a colocar la cinta como si realmente estuviese sujetando el papel por sus pliegues. Para ello, le damos la vuelta al paquete, pasamos la cinta bajo él y cruzamos los dos cabos de la cinta en la parte inferior, que es la que tiene los pliegues. A continuación, volvemos a darle la vuelta al paquete para realizar el lazo.

8 Para acabar, hacemos un lazo sencillo al cual no le añadiremos ningún adorno, pues la decoración con los dos papeles y los pececillos es más que suficiente para hacerlo atractivo y delicado. Añadirle algo más sería recargarlo demasiado.

Para cocineros
Envolver una olla

Los papeles de celofán opaco no suelen arrugarse, pero tampoco mantienen los pliegues, por lo que es imprescindible utilizar la cinta adhesiva para fijarlos.

Los utensilios de cocina suelen tener formas caprichosas que dificultan su empaquetado para regalo. Vamos a envolver una olla a presión con un mango alargado utilizando un papel que no se arrugue fácilmente y aplicando cinta adhesiva en los pliegues. Puesto que los amantes de la cocina suelen ser personas detallistas, haremos un adorno especial acorde con el tema del regalo.

MATERIAL NECESARIO

- Papel de celofán opaco negro
- Cinta adhesiva
- *Cutter,* tijeras, regla y escuadra
- Rafia natural
- Fotocopias en color de verduras
- Rama de apio fresco
- Cuchara de madera
- Cartulina y clips
- Adhesivo en aerosol
- Cinta adhesiva de doble cara

1 Colocamos la olla a presión sobre el papel de celofán opaco negro y tomamos las medidas. Antes de cortar el papel comprobamos de nuevo que las medidas son correctas, pues un objeto tan voluminoso e irregular como éste puede engañar, y si se corta el papel a un tamaño menor del adecuado, no podremos aprovecharlo.

2 Aunque el papel de celofán opaco no suele arrugarse tanto como otros, es conveniente manipularlo con cuidado. Unimos las dos partes del papel con un pedazo de cinta adhesiva que después cubrirá el adorno.

3 La olla cuenta con dos asas, una pequeña y otra alargada. Comenzamos haciendo los pliegues que corresponden a ésta última. Para que los pliegues no se deshagan mientras trabajamos, los fijamos con un poco de cinta adhesiva.

4 Comprobamos que los pliegues de ambos lados siguen la dirección del mango. Doblamos el papel hacia abajo y sujetamos ese doblez con cinta adhesiva.

El papel de celofán opaco no resulta fácil de manipular; por ello, es conveniente hacer el paquete sin prisas, estudiando detenidamente la dirección de los pliegues.

Si el objeto que vamos envolver es tan grande que el papel se queda pequeño, se pueden unir dos piezas de papel de celofán con cinta adhesiva de doble cara.

Es difícil encontrar libros de cocina o revistas donde aparezcan fotografías grandes de vegetales. Para aumentar su tamaño bastará con programar la máquina fotocopiadora antes de hacer la fotocopia.

5 Con el lado del asa pequeña hacemos exactamente lo mismo, pero esta vez tensando el papel para que las arrugas sigan una línea recta y produzcan bonitos brillos.

6 Envuelta la olla, la rodeamos con la rafia natural y hacemos un nudo sencillo. Al colocar la rafia hay que procurar que quede tal como se ve en la imagen, con las hebras ligeramente separadas, y no como un cordel.

7 Hemos hecho fotocopias en color de las fotografías que aparecen en un libro de cocina, aumentando considerablemente el tamaño de las imágenes. Las hemos adherido, con el adhesivo en aerosol, sobre una cartulina gruesa y ahora recortamos la zanahoria con las tijeras.

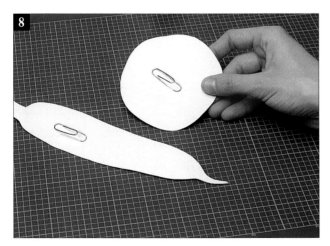

9 Sujetamos las verduras de papel a la cinta de rafia con ayuda de los clips y añadimos un elemento natural, una rama de apio, que le da un toque espontáneo y de frescura.

8 Para sujetar sobre el paquete estos adornos, las fotocopias de una zanahoria y un tomate a tamaño natural, utilizamos un sencillo clip fijado con cinta adhesiva.

El adorno de la rama de apio natural le da volumen al lazo y también un toque de frescura. Para evitar que se marchite, es conveniente añadirlo poco antes de ofrecer el regalo.

Cajitas especiales
Pequeños regalos

La rafia teñida o el papel de seda arrugado son materiales bonitos y muy adecuados para acomodar el regalo dentro de las cajitas.

En muchas ocasiones, los objetos más pequeños resultan también los más apreciados. Pero envolver con papel de regalo un reloj de pulsera o algo tan diminuto como un par de pendientes hace que la presentación desmerezca al contenido. Una pequeña caja con un adorno sencillo pero original puede ser el mejor medio para ofrecer estos presentes de reducido tamaño.

MATERIAL NECESARIO

Para la caja verde:

- Plantilla
- Cartulina metalizada verde
- Plancha de corte
- Lápiz, *cutter,* regla y escuadra
- Clip y punzón o aguja de coser gruesa
- Cinta adhesiva de doble cara
- Cordón plateado
- Tijeras
- Ramitas vegetales
- Rafia

Para la caja rosa:

- Plantilla
- Cartulina violeta
- Lápiz, tijeras, *cutter,* regla y escuadra
- Plancha de corte
- Adhesivo en aerosol
- Cinta adhesiva de doble cara
- Cordel dorado
- Ramitas vegetales
- Clip
- Papel de seda blanco

Caja verde

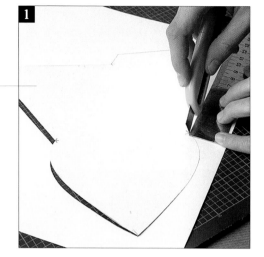

Esta caja tiene la forma de un tetraedro, que no es más que una figura geométrica de cuatro caras. Una de ellas será la base donde se apoya; las otras tres se levantan del suelo. De estas tres caras restantes, dos servirán para cerrar una parte de la caja y la tercera hará las funciones de tapa que se abre y se cierra.

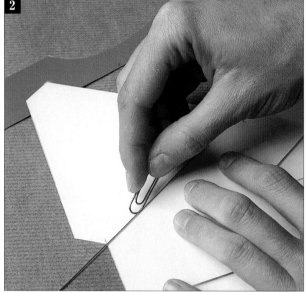

1 Después de dibujar la forma con ayuda de la plantilla sobre la cara blanca de la cartulina metalizada, cortamos las líneas curvas controlando bien nuestro pulso y valiéndonos de la regla para solucionar las rectas.

2 Una vez recortado todo el cuerpo de la caja, hacemos los pliegues necesarios que le darán volumen. Para facilitar el doblado de la cartulina y asegurarnos un doblez perfecto, trazamos una línea invisible con el clip.

3 El rastro del clip ha producido un surco en línea recta sobre la cartulina. Ahora tan sólo nos resta doblar los ángulos utilizando la escuadra o la regla como referencia a esa línea. De este modo nos aseguraremos un pliegue preciso y totalmente recto.

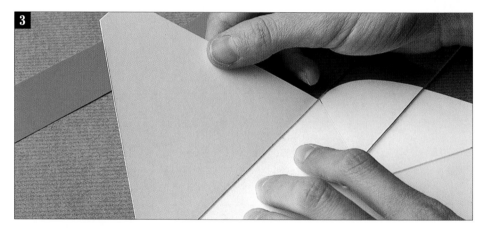

4 Con un punzón o usando una aguja de coser gruesa, hacemos un orificio en cada una de las tres puntas de las caras que se levantan del suelo, tal y como se sitúan en la plantilla.

Al perforar la cartulina con el punzón o aguja, debe prestarse atención para no producir arrugas cuando se hace presión. Lo más adecuado sería pinchar la cartulina directamente encima de la plancha de corte y luego agrandar el agujero separando la cartulina de la superficie.

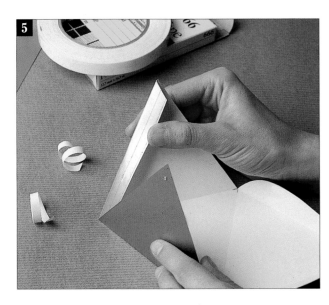

El lado del tetraedro que hará las funciones de tapa es aquel que tiene dos solapas curvas. Éstas, además de enriquecer la forma demasiado rígida del tetraedro, sirven para que el objeto no pueda ser visto por las posibles rendijas.

5 Vamos a adherir las dos caras posteriores. Para ello, utilizamos cinta adhesiva de doble cara y las unimos. La cara frontal debe permanecer suelta para poder abrir y cerrar la caja.

6 Un poco de rafia en el interior del tetraedro nos servirá para acomodar el regalo en su interior y evitar que se mueva.

7 Con el regalo bien colocado en el interior, cerramos la caja pasando el cordón plateado por los orificios realizados anteriormente. Ya que el cordón es blando, recurrimos a la aguja gruesa de coser lana para realizar esta operación.

8 Hemos realizado un lazo de una vuelta tomando simultáneamente los dos cabos del cordón. El resultado es este curioso lazo de dos vueltas superpuestas. Añadimos el adorno introduciendo los tallos en un hueco del nudo.

Caja rosa

1 Con ayuda de la plantilla, hemos dibujado las figuras sobre la cartulina. Para cortar las partes curvas correctamente con el *cutter* deberemos ir despacio, intentando no salirnos de la línea trazada a lápiz. Para solucionar las rectas, es aconsejable valerse de la regla.

2 Al hacer los pliegues necesarios, nos ayudamos de un clip para marcar la línea por donde debe doblarse el cartón. Después, antes de retirar la regla, doblaremos el cartón.

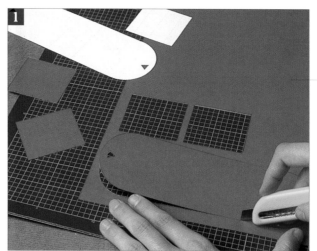

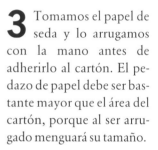

Puesto que el papel de seda es semitransparente, el color del cartón sobre el que se adhiera influirá en el color de la parte texturada de la caja. Es importante tenerla en cuenta en el momento de escoger los colores con los que se construirá la pequeña caja.

3 Tomamos el papel de seda y lo arrugamos con la mano antes de adherirlo al cartón. El pedazo de papel debe ser bastante mayor que el área del cartón, porque al ser arrugado menguará su tamaño.

4 Aplicamos adhesivo en aerosol sobre la parte exterior del cartón; las solapas de la caja deben doblarse hacia el interior. Éste trabajo se puede realizar con cualquier otro tipo de adhesivo adecuado para papel, aunque si no se trata de un aerosol habrá que repartir el producto de manera uniforme.

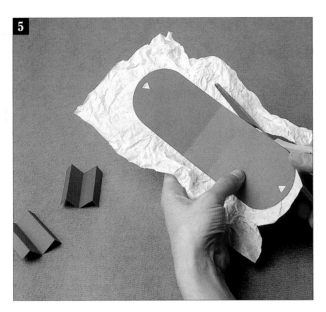

5 Hemos pegado el papel de seda arrugado en la parte tratada con adhesivo, respetando las arrugas y evitando estirar el papel. Una vez seco, recortamos lo que sobra por los lados.

6 Aplicamos cinta adhesiva de doble cara en los pliegues de los lados y unimos esta pieza con el cuerpo principal de la caja. Una vez unidas todas las piezas, tendremos la caja prácticamente acabada.

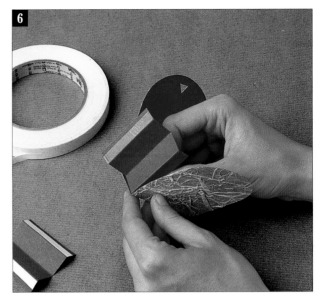

La medida de estas cajas es una referencia para empaquetar pequeños regalos. Si quiere realizar cajas más grandes, sólo tiene que aumentar la escala de las plantillas que aparecen en la pág. 78.

7 Hemos envuelto el pequeño regalo en un pedazo de papel de seda, también arrugado, para evitar que se mueva. Ahora hacemos un lazo de una vuelta con el cordel dorado.

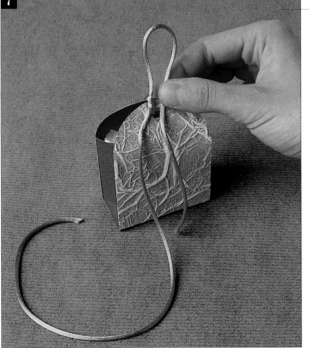

Parte de la belleza de estos envoltorios para regalo se encuentra en su sencillez; por ello, tanto el lazo como el adorno deben ser simples y delicados.

8 Como detalle final, añadimos un adorno vegetal introduciendo el tallo de la flor entre los huecos del nudo. El papel de seda arrugado le da al cartón una textura especial, que contrasta con las áreas lisas de los pliegues laterales, tanto por el color como por la superficie.

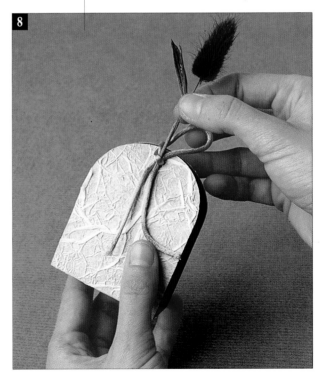

Anillo de compromiso
Corazón de arroz con rosas

as joyas que van acompañadas de un mensaje muy especial deben ser presentadas de una forma particular. En este apartado elaboraremos una preciosa caja para regalar un anillo de compromiso o cualquier otra joya de pequeño tamaño. Su forma, el arroz que la recubre y el detalle de las rosas podrían ser el símbolo de un deseo o de un profundo sentimiento.

MATERIAL NECESARIO

- Plantilla
- Cartón blanco
- *Cutter*, plancha de corte y lápiz
- Espuma de poliuretano de 1,5 cm de grosor
- Papel de lija
- 2 alfileres
- Tapón de plástico

- Pintura plástica blanca y roja
- Pincel
- Adhesivo de contacto para poliestireno expandido
- Espátula de cartón
- Aguja de coser gruesa y tijeras
- Arroz
- Rosas secas
- Rotulador fino

1 Hemos utilizado la plantilla para dibujar la forma del corazón sobre el cartón blanco y la espuma de poliuretano. Con ayuda del *cutter*, recortamos la espuma unos milímetros por fuera de la línea del dibujo.

2 Unimos las dos partes con un par de alfileres y limamos los bordes irregulares con el papel de lija.

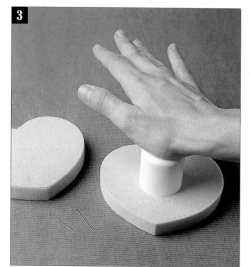

3 Tomamos un tapón de plástico perteneciente a un producto doméstico cualquiera que tenga la medida idónea para realizar el orificio en el centro. Lo apoyamos en la parte inferior del corazón y presionamos hasta perforarla totalmente.

4 Aplicamos adhesivo de contacto sobre el corazón de cartón, extendiéndolo con la espátula, para utilizarlo como base del medio corazón perforado. Al adquirir el adhesivo, tenga en cuenta que algunos pegamentos no son adecuados para unir materiales como la espuma de poliuretano.

Para pintar el corazón se puede utilizar pintura plástica o bien la tradicional témpera de uso escolar.

5 Con la pintura roja, pintamos el interior del corazón por las dos partes. Esta realización debe efectuarse con cuidado para no manchar los que después se pintarán en blanco.

6 Utilizamos la pintura blanca para la parte exterior. Es importante que la pintura blanca tenga una buena capacidad para cubrir el color de la espuma de poliuretano. Si al dar una capa la pintura transparenta el fondo, espere a que se seque y aplique una segunda capa.

7 Una vez se ha secado perfectamente la pintura, aplicamos adhesivo de contacto en la parte exterior de las dos mitades.

8 Echamos arroz sobre el corazón encolado y presionamos con la mano los corazones, a la vez que repartimos bien los granos para que no queden huecos entre ellos.

9 Cuando el adhesivo se ha secado y el arroz de la parte externa está perfectamente pegado, depositamos un pequeño puñado de arroz suelto en el orificio interior y colocamos el anillo dentro.

10 Tapamos la parte inferior con la superior de modo que coincidan perfectamente. Con una aguja de coser gruesa perforamos en diagonal para atravesar la tapa y parte de la base. Dentro de esos orificios colocaremos los tallos de las rosas secas para que hagan la función de un cierre. Para que la caja corazón cierre perfectamente y no haya posibilidad de que las dos partes se separen, es imprescindible colocar los tallos de las rosas en diagonal. Si se perfora en vertical, la parte inferior podría soltarse al transportar el regalo.

Al perforar la caja con la aguja para colocar después las rosas, hay que buscar alguno de los pequeños huecos que hayan quedado entre los granos de arroz, procurando que ninguno de éstos se despegue de la superficie.

Etiquetas
Personalizar un regalo

El tipo de etiqueta que se elija para complementar un envoltorio debe armonizar con el paquete y el carácter de la persona a la que va dirigido.

Añadir una etiqueta con las iniciales o el nombre de la persona a la que va dirigido el paquete, puede resultar indispensable en esas fechas en las que se amontonan paquetes para varias personas en algún rincón entrañable del hogar. Pero, aunque no se trate de ocasiones de este tipo, una etiqueta especial siempre da un toque personal a ese regalo tan escogido.

MATERIAL NECESARIO

Para la etiqueta vegetal:

- Hoja natural seca
- Rotulador permanente dorado
- Cordón metalizado dorado

Para la etiqueta estampada:

- Plantilla
- Fotocopia de mapamundi
- Tijeras, lápiz, *cutter* y plancha de corte
- Adhesivo en aerosol
- Letras adhesivas
- Cartulina
- Un objeto cilíndrico
- Aguja de coser lana
- Cordel de cáñamo fino
- Transferidor o lápiz

Para la etiqueta adhesiva:

- Plantilla
- Papel adhesivo
- Rotulador permanente plateado
- Lápiz, regla, *cutter* y plancha de corte

Etiqueta vegetal

1 Tomamos una hoja seca que esté entera y sea bonita. Se puede recoger del propio jardín o de algún parque cercano, o bien adquirirla en alguna tienda especializada o floristería. Con un rotulador permanente dorado, escribimos directamente el nombre de la persona a la que va dirigido el regalo.

Al escoger el color del rotulador con el que se va a escribir el nombre, habrá que tener en cuenta el color de la etiqueta para asegurarse de que ambos tonos, además de ser armónicos, contrastan lo suficiente como para que las letras se distingan con claridad.

2 Hemos elegido un cordón fino, también dorado, que armoniza con el color de las letras. Lo anudamos al tallo de la hoja y dejamos unos centímetros de cabo. Después usaremos ese cordón para atar la etiqueta al paquete.

Etiqueta adhesiva

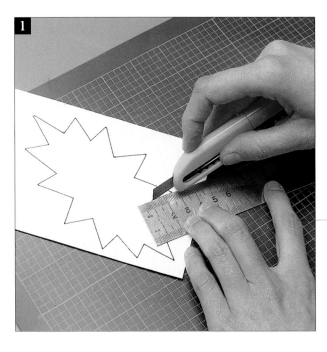

1 Dibujamos la forma de la plantilla en el reverso del papel adhesivo. Con ayuda del *cutter* y la regla, cortamos la forma con precisión.

Cualquier forma interesante o divertida puede convertirse en una etiqueta de papel adhesivo.

2 Le damos la vuelta a la etiqueta y escribimos las iniciales. Para hacerla más atractiva, seguimos la línea de los picos de la estrella. Para colocar esta etiqueta sobre el paquete, sólo tendremos que retirar el papel que protege el lado adhesivo y pegarla sobre el regalo.

Etiqueta estampada

1 Hemos realizado una fotocopia en color de la página de un atlas donde aparece un bonito mapamundi. Con la plantilla, dibujamos la forma de la etiqueta mediante un lápiz escogiendo bien el estampado que queda dentro de la fotocopia.

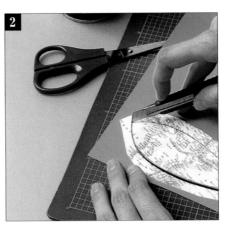

2 Hemos recortado la etiqueta dejando un centímetro de margen y con adhesivo en aerosol la pegamos a una cartulina. Ahora recortamos la forma marcada con *cutter* y eliminamos luego los posibles restos de lápiz con una goma.

3 Escribimos las iniciales con letras adhesivas. Para desprenderlas del papel vegetal basta con frotarlo por el lado opuesto a las letras. Esta operación se puede realizar con el transferidor (el instrumento que aparece en la imagen) o sencillamente con un lápiz no muy afilado.

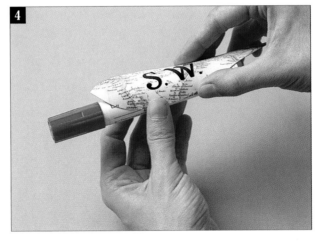

4 Le damos un poco de forma a la etiqueta para que no sea una superficie plana. Apoyándola sobre un cuerpo cilíndrico conseguiremos que adopte esa forma curvada.

5 Para acabar, pasamos el cordel por los pequeños orificios que hemos hecho anteriormente con la misma aguja de coser. Al igual que la etiqueta vegetal, ésta se adjunta al paquete atándola con el cordel.

Al cortar el cordel que unirá la etiqueta al paquete, hay que pensar en darle a los cabos la longitud suficiente para atar con comodidad.

Plantillas

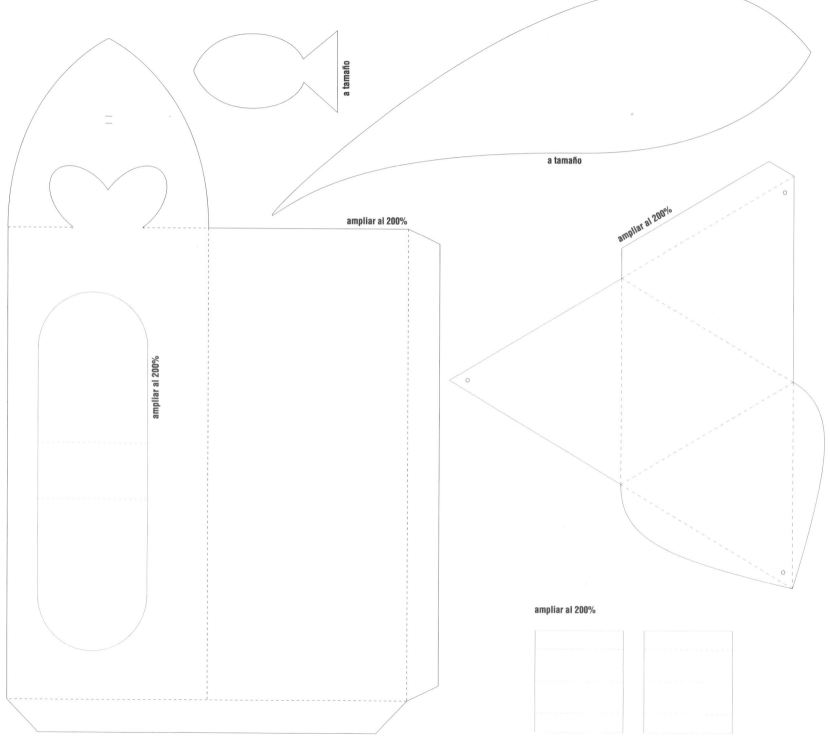

a tamaño

a tamaño

ampliar al 200%

ampliar al 200%

ampliar al 200%

ampliar al 200%

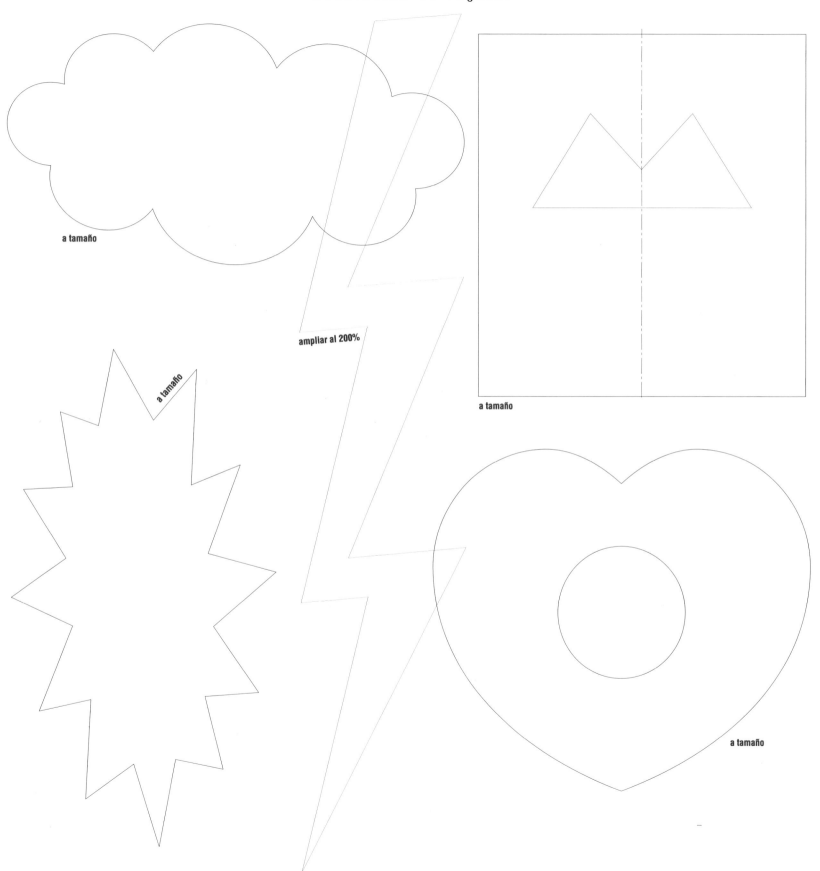

a tamaño

ampliar al 200%

a tamaño

a tamaño

a tamaño

Agradecimientos

Nuestro más sincero agradecimiento a todas las personas que han colaborado desinteresadamente en este libro:

Especialmente a Marta Batallé por su permanente participación tanto en el desarrollo de los ejercicios como en el aspecto creativo, y a Mavi Lizán por su contribución de ideas.

A Juan, Laura, Lolín, Jordi, Eulàlia, Joana y Marcel por su ayuda en la aportación de atrezzo y agradecerles su confianza constante.

Gracias además a Edi, Pablo, Rafa y al equipo de la calle Valldoreix por su colaboración en la parte de coordinación y su apoyo.

En nombre de Parramón Ediciones, también queremos agradecer a una serie de firmas la gentil cesión de sus materiales. Su valiosa colaboración ha sido decisiva en la edición del presente libro:

Raima, la botiga del paper
Comtal, 27   08002 Barcelona

3M España, S.A.
Juan Ignacio Luca de Tena, 19-25   28027 Madrid

Garden Center Bordas Gavà, S.L.
Av. Bertran i Güell, s/n   08850 Gavà (Barcelona)

Comercial Bolsera, S.A.
Xuclà, 15   08001 Barcelona

Miró, S.L.
Rda. Sant Antoni, 66   08001 Barcelona

Drink Catalunya
Lepant, 265   08013 Barcelona

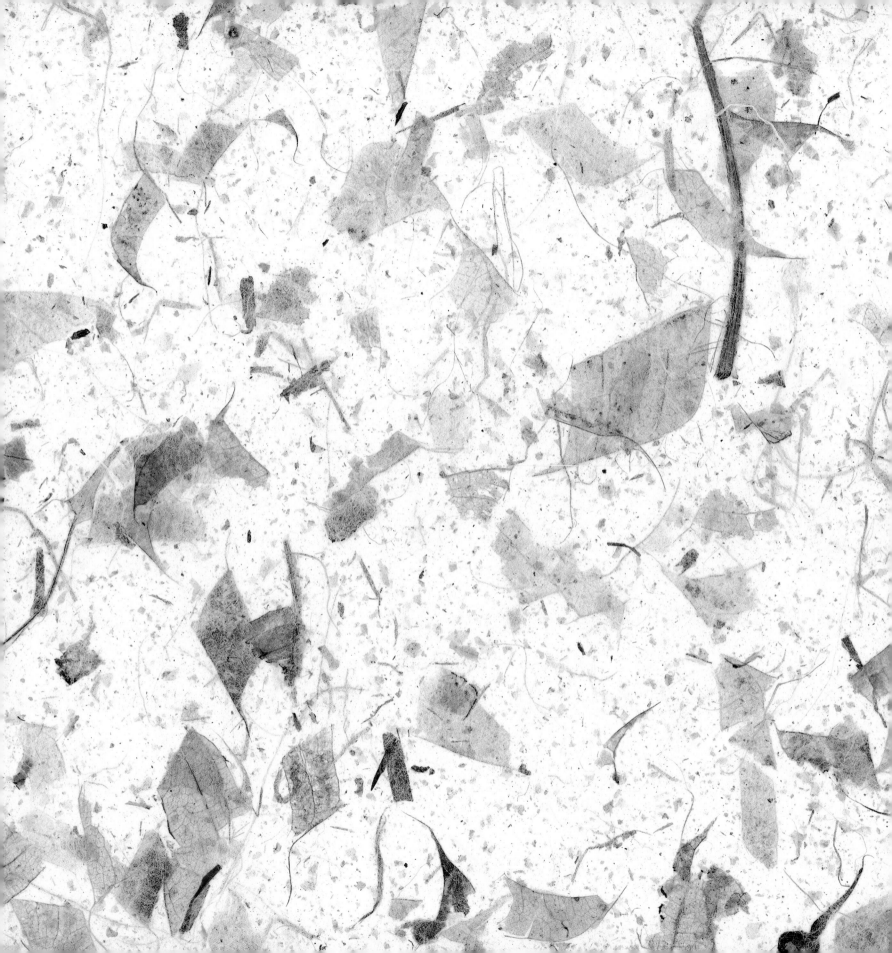